8º Q 131

8º Q
131

Offert à Monsieur H. Champion
Souvenir affectueux du
rédacteur du catalogue
L. Potier

Offert à Monsieur L. Delisle
H. Champion

CATALOGUE

D'UNE PETITE COLLECTION

DE LIVRES RARES

MANUSCRITS ET IMPRIMÉS

PARIS

IMPRIMERIE DE D. JOUAUST

Rue Saint-Honoré, 338

1877

CATALOGUE

D'UNE PETITE COLLECTION

DE LIVRES RARES

THÉOLOGIE

ÉCRITURE SAINTE

BIBLIA SACRA. *Parisiis, apud Sébast. Martin,* 1656, 3 tom. en 1 vol. pet. in 8; réglé, mar. rouge, compart.. fil., tr. dor. (*Du Seuil.*)

Belle édition en très-petits caractères, publiée aux frais de Jean Armand Du Plessis, duc de Richelieu, et pour cette cause connue sous le nom de *Bible de Richelieu.*

Très bel exemplaire en grand papier, avec témoins. Des bibliothèques de MM. de Cotte, d'Ourches et Coulon.

2. BIBLIA (en néerlandais). *Tot Leyden, by de Wed, ende Erfgen. Van Joh. Elzev. Amsterd., by Louis ende Dan. Elzev.,* 1663, gr. in-fol., 3 part. en 2 vol. in-fol., mar. r., dos ornés, riches compart., dorure en plein, tr. dor. et en couleur.

Belle et riche reliure hollandaise.

3. Psalterium Davidis ad exemplar Vaticanum 1592. *Lugduni (Batavorum), apud Joh. et Dan. Elzevirios,* 1653, pet. in-12, mar. vert, tr. dor. Rel. jans. (*Bauzonnet-Trautz.*)

Très-bel exemplaire. Haut. 134 millim.

4. Les CL Pseaumes de David et les X cantiques inserés en l'office de l'Eglise, traduits en vers françois par M. Michel de Marillac, conseiller du Roy et surintendant de ses finances. *A Paris, chez Edme Martin,* 1625, in-8, réglé, titre gravé par Léonard Gaultier, mar. r., fil., tr. dor., parsemé de fleurs de lis.

Bel exemplaire de MARIE DE MÉDICIS, à ses armes, et provenant des bibliothèques de MM. J. Pichon et L. de Montgermont.
Michel de Marillac, garde des sceaux en 1626, est auteur d'une traduction de l'*Imitation de Jésus-Christ* très-estimée, et d'une ordonnance sur l'administration de la justice, laquelle était connue sous le nom de *Code Michau.*

5. Paraphrase des Pseaumes de David (en vers), par Antoine Godeau, evesque de Grasse et de Vence. *Paris, chez la veuve Camusat et*

Pierre le Petit, 1648, in-4, mar. r., dos orné, dent., tr. dor.

Exemplaire de la reine ANNE D'AUTRICHE. Ses armes sont au centre des plats que borde une large bande formée des chiffres de la reine alternant avec des fleurs de lis. Le même chiffre et des fleurs de lis couvrent également le dos de la reliure.

6. ÉVANGÉLIAIRE dit de Charlemagne. Pet. in-fol., reliure en bois recouverte de plaques d'or et enrichie d'émaux et de pierres fines.

Manuscrit sur vélin, ayant en hauteur 255 millim. sur 218, et composé de 187 feuillets, dont 146 sont consacrés au texte des évangiles, et le surplus au *Propre des Saints*. L'écriture en est ferme et généralement égale; elle réunit divers genres de caractères : les principaux sont la grande capitale romaine, la grande onciale et la petite, la grande minuscule et la petite, etc. Le titre principal et les titres des chapitres sont en lettres capitales rouges.

Ce manuscrit provient de l'église de Sainte-Marie de Valère de Sion (Valais), où il était conservé depuis un temps immémorial. Le chapitre de la cathédrale de Sion le vendit en 1851.

On n'est pas d'accord sur son origine, et les diverses traditions qui existent à ce sujet n'offrent rien que de très-incertain. Suivant les chanoines de Sion, Charlemagne en aurait fait présent à l'église de Sainte-Marie de Valère. D'un autre côté, les religieux de Saint-Maurice d'Agaune prétendent que c'est à leur monastère que l'offrande en fut faite par le même empereur, et qu'il a été soustrait de leur trésor pendant les guerres civiles du Valais, au XIVe siècle, pour être transporté à Sion. L'auteur d'un *Mémoire sur quelques livres carolins*, M. Gaullieur, de Genève, croit que ce manuscrit est du Xe siècle, et qu'il a dû être donné à l'église de Sion par Rodolphe II, roi de la Bourgogne transjurane (911-937). M. Gingins de la Sarraz, dans une lettre publiée à la suite du même mémoire, dit que c'est par Aymon Ier, évêque du Valais de 1037 à 1053, qu'il fut offert à cette église.

Sans entrer dans la discussion de ces diverses opinions, il est impossible toutefois d'admettre celles qui attribuent à Charlemagne la donation de ce manuscrit soit à l'église de Sion, soit au monastère de Saint-Maurice, attendu que les juges les plus compétents, entre autres M. Léopold Delisle, affirment que cet évangéliaire ne peut être antérieur à la fin du Xe siècle.

A la première page, et d'une écriture des premières années du XVIIe siècle, on lit ces trois mots : *Est ecclesiæ Valerianæ*; puis au-dessous, d'une main de la fin du XIVe siècle ou du commencement du XVe siècle, se trouve, en cinq lignes, une énumération des principales pierres précieuses qui ornent la couverture.

Au verso du dernier feuillet, et d'une écriture qui paraît postérieure d'un siècle à l'*Évangéliaire*, on trouve le commencement d'une relation de l'expédition de Charlemagne contre les Lombards, en 773. Malheureusement le récit est interrompu au milieu d'une phrase, et les feuillets suivants, au nombre de trois ou quatre, ont été coupés de telle sorte qu'il n'en reste plus que le talon.

La reliure du manuscrit, qui fait en grande partie le mérite du livre, est formée de deux ais de bois recouverts sur le plat recto d'un travail d'orfèvrerie des plus précieux, et sur le plat verso d'un simple cuir rougeâtre semé de clous dorés disposés en forme de OC majuscules adossés.

Les ornements qui recouvrent le plat recto sont attachés par des clous sur le bois. Au centre de la composition se présente le sujet principal, exécuté au repoussé dans une plaque d'or fin. C'est le Christ assis sur son trône, la tête entourée d'un nimbe crucifère bordé d'un rang de perles, bénissant de la main droite, et tenant de la main gauche le livre des évangiles. Le Sauveur est vêtu d'une tunique et d'un manteau drapés autour du corps avec une ampleur tout à fait magistrale. Les pieds sont nus, la tête est imberbe et entourée de cheveux longs et flottants.

Une inscription en émail cloisonné, et composée de capitales latines, borde les quatre coins du tableau central. La bande d'inscription placée dans l'origine au-dessus de la tête du Christ a été brisée et perdue, celle qui est aux pieds ne présente que des fragments de mots. Il est facile pourtant de reconstituer l'inscription, qui se compose des deux vers hexamètres suivants :

MATHEUS ET MARCUS LUCAS, SANCTUSQUE JOHANNES
VOX HORUM QUATUOR REBOAT TE CHRISTE REDEMPTOR.

Le Christ et l'inscription qui l'entoure forment saillie sur le plat de la reliure. En contre-bas de la bordure émaillée règne une seconde bordure en or représentant un rinceau de feuillages. Les angles et les milieux sont occupés par des pierres précieuses serties dans des chatons ciselés. Enfin, pour encadrer sa composition, l'artiste a disposé sur les quatre côtés de la couverture une troisième bordure formée de plaques d'émaux cloisonnés, au nombre de huit (1), alternant avec le même nombre de pierres fines montées sur des plaques d'or décorées d'ornements exécutés au repoussé et en filigrane.

Les quatre émaux fixés dans la bordure inférieure sont identiquement semblables. Les émaux des bordures latérales sont appareillés entre eux. Les cabochons alternés avec ces pièces émaillées sont sertis dans des chatons de travail varié, encadrés avec beaucoup d'art au milieu d'ornements qui se répètent sur six d'entre eux, et se composent de dauphins accostés de serpents qui s'enroulent en formant la moitié d'un S. Ce motif principal est complété par de petites pierreries enchâssées aux quatre angles et par tout un système de décoration en filigrane qui laisse bien peu de place inoccupée sur la plaque du fond. Dans le principe, les yeux des dauphins et des serpents étaient figurés par des rubis presque imperceptibles, qui ont disparu en grande partie. Les cabochons fixés aux deux angles inférieurs appartiennent à une époque plus rapprochée ; l'un d'eux est tout à fait moderne.

M. Édouard Aubert, auteur d'une description de la reliure

---

(1) Dans la description faite de ce manuscrit par M. Gaullieur, il est dit que trois de ces émaux ont été arrachés, ce qui était vrai alors ; mais ils ont été restitués depuis par les Religieux de Sion, qui avaient d'abord voulu les garder.

de ce manuscrit insérée dans le tome XXX des *Mémoires de la Société des Antiquaires de France* (année 1874), et dont ce qui précède a été extrait presque intégralement, pense que cette œuvre éminemment curieuse n'est pas complétemen homogène et qu'elle a subi des remaniements. Suivant lui, la figure du Christ, traitée avec un art remarquable, porte l'empreinte d'un travail exécuté à la fin du XIIe siècle. L'inscription cloisonnée remonterait à une époque beaucoup antérieure. Quant aux émaux des bordures supérieures, inférieures et latérales, dans les arabesques desquelles brille le produit d'une émaillerie portée à son plus haut degré de perfection, il lui est impossible d'y voir, dit-il, le style et la main d'un artiste d'Occident. A son avis, par le dessin autant que par l'intensité des couleurs, on doit y reconnaître plutôt l'art oriental. L'orfèvre qui a exécuté la couverture de l'*Évangéliaire* a pu, ajoute-t-il, faire venir ces émaux d'Orient afin de rehausser l'éclat de son travail.

« En résumé, dit en terminant M. Aubert, on doit se contenter d'admirer la reliure de ce précieux manuscrit, connu sous le nom d'ÉVANGÉLIAIRE DE CHARLEMAGNE, comme une œuvre d'art hors ligne et digne de l'attention des archéologues ; mais il faut renoncer à considérer ce monument omme un don du grand empereur des Francs à la cathédrale de Sion. »

Outre le mémoire de M. Gaullieur et la notice de M. Aubert sur ce manuscrit, il a paru sur le même sujet des articles dans la *Gazette des Beaux Arts*, tome XIX, 1865, et dans la *Revue de l'Art pour tous*, 1858, 6e année. Avec chacune de ces brochures se trouve une reproduction de la reliure. La plus fidèle est celle qui est jointe à l'opuscule de M. Aubert.

7. Novum Testamentum (græce). Ex Bibliotheca regia. *Lutetiæ, ex officina Rob. Stephani*, 1546, 2 tom. en 1 vol. in-16, mar. r., fil., tr. dor. (Rel. anc.)

Jolie édition.

8. Novum Jesu Christi Testamentum ad exem-

plar Vaticanum accurate revisum. *Parisiis, typis Barbou*, 1785, 1 tome en 2 vol. in-12, front., mar. citr., fil., tr. dor. (*Derome.*)

<small>Imprimé sur VÉLIN. Il n'en a été tiré ainsi que quatre exemplaires. Celui-ci provient de la bibliothèque de MAC-CARTHY.</small>

9. LE NOUVEAU TESTAMENT de N. S. Jésus-Christ, traduit en françois (par Ant. Arnauld, Is. Le Maistre de Sacy et Nicole). *Mons, Gaspard Migeot (Holl.)*, 1668, 2 tom. en 1 vol. in-12, à longues lignes, frontisp. gr., réglé, mar. r., fil., doublé de mar. r., dent., tr. dor. (*Boyet.*)

<small>Bel exemplaire aux armes du comte D'HOYM.</small>

10. Le Nouveau Testament de N.-S. Jésus-Christ, traduit en françois (par les mêmes). *Mons, G. Migeot (Bruxelles, H. Fricx)*, 1697, 2 vol. in-12, réglés, fig. à mi-page, mar. vert, fil., tr. dor. (*Rel. anc.*)

11. Protevangelion, sive de natalibus Jesu Christi et ipsius Matris Virginis Mariæ, sermo historicus Divi Jacobi minoris (e gr. in lat. transl. a Postello). Evangelica historia, quam scripsit B. Marcus, Petri apostolorum principis discipulus et filius, primus episcopus Alexandriæ. Vitæ Joan. Marci evangelistæ, collecta ex probatioribus auctoribus per Th. Bibliandrum. *Basileæ, J. Oporinus*, 1552, pet. in-8, mar. r., fil. (*Aux armes et aux chiffres de J. B. Colbert.*)

Le *Protevangelion*, ou premier évangile, attribué à saint Jacques le Mineur, n'a aucun caractère d'authenticité ; mais il est curieux comme antécédent de l'Évangile. La version latine est de G. Postel, à qui est due la découverte de l'original grec en Orient, et c'est un de ses ouvrages les plus rares.

12. Briefve et fructueuse exposition sur les epistres de sainct Paul aux Romains et Hébreux, par Primasius, jadis disciple de sainct Augustin ; translaté de latin en langue vulgaire francoyse par Jehan de Gaigny. *Imprimé à Paris par Estienne Roffet*, 1540, pet. in-8, réglé, mar. br., tr. dor. (Hardy.)

Jean de Gaigny ou de Gannay, dit Ganeius, chancelier de l'Université, premier aumônier de François Ier, était parent du chancelier de France messire Jehan de Ganay (*Bibliothèque de La Croix du Maine*, t. Ier, p 502).

13. L'APOCALYPSE, avec une explication par Messire Jacques-Benigne Bossuet, evesque de Meaux. *Paris, chez la veuve de Sebastien Cramoisy*, 1689, in-8, mar. r., dos orné, fil., tr. dor. (Du Seuil.)

Édition originale.

Exemplaire de Mme de MAINTENON, à ses armes et ayant à l'intérieur, l'*ex libris* de la *Bibliothèque de la maison royale de Saint-Louis de Saint-Cir*, représentant une croix. On a ajouté à l'exemplaire un portrait de Mme de Maintenon gravé par Ficquet.

LITURGIE

14. Tableau de la croix, representé dans les cérémonies de la Sainte Messe, ensemble le

Tresor de la devotion aux souffrances de Jésus-Christ, le tout enrichy de belles figures. *Paris, chez F. Mazot,* 1651, in-8, front., fig. gr. par J. Colin, mar. r. à riches compart., tr. dor. (*Rel. du temps.*)

Volume entièrement gravé, avec figures et encadrements à toutes les pages.
Riche reliure dans le genre de Le Gascon.

MISSALE. In-fol., relié en velours rouge. (*Aux armes d'un évêque.*)

Manuscrit italien de la fin du XVe siècle, sur vélin, avec miniatures, dont une grande représentant le crucifiement, bordures et grandes lettres ornées. Armoiries d'un évêque à l'intérieur : « de gueules à 4 pals d'or ».

16. LIVRE DE PRIÈRES de la dernière comtesse de Flandres, Marguerite (de Masle), épouse de Philippe le Hardy (duc de Bourgogne). In-8, velours r., coins et fermoir en argent.

Manuscrit du XVe siècle, sur vélin. Le titre ci-dessus, écrit dans le XVIIe siècle, nous le donne comme ayant appartenu à Marguerite de Masle, comtesse de Flandre et duchesse de Bourgogne. Il est orné de 28 miniatures, savoir 14 grandes ayant 120 millim. sur 90, et 14 moyennes de 60 à 80 millim. sur 40 à 50.

Toutes ces miniatures, d'une composition bien entendue et d'un dessin d'une correction peu ordinaire pour le temps, sont en même temps d'une finesse d'exécution et d'un coloris des plus remarquables. La première miniature représente Marguerite de Masle à son prie-Dieu, sur lequel on voit les armes de Flandre. Parmi les autres miniatures, on en remarque une dont la légende célèbre du moyen âge, *les Trois Morts et les Trois Vifs*, a fourni le sujet. De grandes lettres ornées, de riches encadrements à chaque miniature et de belles bordures de fleurs à toutes les pages, parmi lesquelles on remarque de nombreuses *marguerites*, marques emblématiques de la princesse, contribuent à embellir ce manuscrit.

On lit à la fin de ces heures deux notes manuscrites quelque peu effacées. Dans la première, datée de 1600, il est dit que ce manuscrit a appartenu à la comtesse de Flandre, et que c'est elle qui est représentée à son prie-Dieu; dans la seconde, un sieur G. Van Hanlingsende, secrétaire du roi en son conseil, dit qu'il a fait relier de nouveau le volume, en 1679, en velours tanné, et qu'il l'a fait garnir en argent « pour plus grand ornement, dit-il, d'une si belle antiquité de trois cents ans, et pour avoir servi à une si noble dame ».

La reliure est ornée de coins et fermoir en argent. Sur les plats, dans des écussons en argent, se voient d'un côté les armes de Flandre, et de l'autre celles de Bourgogne. On remarque aussi sur le plat recto une toute petite statuette de saint Paul en relief, également en argent.

Ce manuscrit provient du cabinet de M. Brunet-Denon.

17. HORÆ. In-8, mar. rouge, compart., dorure en plein, tr. dor.

Manuscrit sur vélin de la fin du XIVe siècle, gros caractères gothiques, 264 feuillets, avec bordures de feuilles de houx à chaque page; douze miniatures sur fonds quadrillés, nombreuses initiales et grandes lettres en or et couleur.

Riche et belle reliure du commencement du XVIIe siècle, ornée de volutes, rinceaux de feuillages et fleurs diverses. Chiffre AR au centre des plats, dans un écusson.

18. HORÆ. In-8, chagrin noir, fermoirs en or, tr. dor.

Manuscrit sur vélin très-fin et très-pur, parfaitement écrit, du commencement du XVIe siècle, en caractères semi-gothiques, avec nombreuses initiales, bouts de lignes, etc., en or et couleur. Ce manuscrit paraît avoir été exécuté dans le nord de l'Italie.

On y remarque treize grandes miniatures ayant en hauteur 160 millim. sur 99 millim. en largeur. Chacune d'elles présente deux compositions dans le même encadrement. Au-dessous de la plus grande il s'en trouve une petite qui y correspond presque toujours par le sujet:

I. 1° *Jésus livré par Judas; Jésus mené devant Caïphe.* — 2° *L'Annonciation; Adam et Ève dans le Paradis terrestre.* — 3° *La Visitation; Jésus porté au temple.* — 4° *Le Crucifiement; Les Soldats jouant la robe de J. C.* — 5° *L'Adoration des bergers; Joseph et la Vierge cherchant un logis dans Bethléem.* — 6° *La Circoncision; La Vierge porte l'enfant Jésus.* — 7° *Les Mages suivant l'étoile; Adoration des mages.* — 8° *La Présentation au temple; La Vierge habille Jésus.* — 9° *Le Massacre des innocents; La fuite en Égypte.* — 10° *La Mort de la Sainte Vierge; Transport de l'arche d'alliance.* — 11° *Le Riche et Lazare; Le Riche dans l'enfer.* — 12° *Job, sa femme et ses amis; Le Démon tourmente Job.* — 13° *David tue Goliath; Sacre de David.*

II. 22 petites miniatures, ayant en hauteur et largeur 25 millim., figures de saints et saintes.

III. *Les Quatre Évangélistes.* Haut. 48 millim. Larg. 38 millim.

Toutes ces miniatures, d'un fini précieux et d'un brillant coloris, sont également remarquables tant sous le rapport de la composition, toute pleine d'esprit et en même temps de naïveté, que par l'expresssion des figures. Les plus importantes sont peut-être les *Quatre Évangélistes; l'Annonciation; Jésus livré par Judas* (scène de nuit); le *Crucifiement;* la *Mort de la Vierge;* le *Mauvais Riche et Lazare*. Cette dernière est surtout intéressante par les détails d'architecture qu'on y remarque. Le lieu de la scène est sur une place entourée de maisons et paraît être dans une ville d'Italie. Le riche est à table dans sa véranda. Lazare, représenté par un lépreux, tient une crécelle à la main.

On lit sur le feuillet de garde : « Ces heures ont été achetées 100 fr. à la vente de M. Du Tilliot, à qui un seigneur de la cour, qui les estimoit fort, les avoit remises. »

Avec l'*Ex musæo Joa. Du Tilliot,* 1710. Du Tilliot est auteur d'un *Mémoire sur la fête des fous.*

19. **Les Presentes Heures à l'usage de Chalons, toutes au long sans requerir. Avec les figures**

et les signes de l'Apocalypse : les mirascles Nostre-Dame : les accidens de l'homme et plusieurs autres hystoires de nouveau adjuostees (sic). *Ont este faictes a Paris pour Simon Vostre, libraire, demeurant a la rue neufve, pres la grant esglise.* (Calendrier de 1512 à 1530), gr. in-8, goth., fig. et encadr., mar. bleu foncé, doublé de vélin, avec aigles aux coins, tr. dor. (*Trautz-Bauzonnet.*)

Imprimé sur VÉLIN. Très-belles heures, grandes de marges et parfaitement conservées. Outre les sujets des encadrements annoncés sur le titre, on y trouve l'*Histoire de Joseph*, les *Triomphes de Cesar* et la *Danse des Morts*. Les *Accidens de l'homme*, dont le titre fait mention, sont une suite à la *Danse des Morts*, qui ne se trouve pas, dit M. Brunet, dans les *Heures* de Simon Vostre antérieures à 1512. Les grandes planches sont au nombre de 21.

20. Hore Beate Marie Virginis ad usum Parisiensem totaliter ad longum sine requere. (Au recto du dernier feuillet :) *Finit officium beate Marie Virginis secundum usum insignis ecclesie Parisiensis impressum Parisius in sole aureo vici Sorbonici opera Vdalrici Gering et magistri Berchtoldi Renbolt sociorum Anno Domini millesimo ccccxcviij, die vero septimo marcii.* In-8, goth., fig. sur bois, mar., compart., tr. dor.

Imprimé sur VÉLIN, avec 12 grandes figures gravées sur bois, peintes en miniature. On a ajouté sur les marges, qui étaient blanches, des bordures en or et en couleur.

Belle reliure du XVIe siècle à mosaïque, avec incrustations de maroquin de diverses couleurs.

21. Officium beatæ Mariæ Virginis secundum

curium Romanum. Gr. in-8, mar. vert à compart., tr. dor. (*Riche rel. italienne du XVIe siècle.*)

Beau manuscrit italien du XVIe siècle, sur vélin, avec bordures et lettres initiales. Dix grandes pages ornées : la première servant de frontispice, avec un délicieux encadrement sur fond or et azur, composé d'arabesques, camées; une grande miniature au centre représente la naissance de Jésus. Au bas se trouvent les armoiries de l'ancien propriétaire : d'azur à trois fleurs de lis d'or en chef surmontés d'un lambel de gueules, et à une fasce accompagnée de trois étoiles d'argent, deux et une. Plusieurs autres miniatures, dont trois grandes dans des cadres de forme ronde richement orués, et de plus petites avec de riches arabesques d'un style italien très-pur.

22. Hore dive Virginis Marie secundum verum usum Romanum. (A la fin:) *Impressum Parisiis anno millesimo quingentesimo quinto* (1505). *Opera Thielmanni Kerver*, in-8, fig. et bordures sur bois, mar. v. compart., doublé de mar. citr., tr. dor.

Curieuse et riche reliure vénitienne du XVIe siècle. Les plats sont ornés de compartiments en creux et en relief, avec de charmants entrelacs finement exécutés et rehaussés d'or, dans le style oriental.

De la bibliothèque SOLAR.

23. OFFICE DE LA VIERGE, accompagné de plusieurs autres prières. *Escrites par Nicolas Jarry. Paris*, 1651, pet. in-8, mar. r., riches compart., doublé de mar. v., avec fermoir en or émaillé et chiffre.

Très-beau manuscrit, écrit partie en lettres bâtardes, partie en lettres romaines, avec capitales en or, initiales en couleur, vignettes et fleurons délicatement peints en or et couleur. Tous les feuillets sont encadrés de filets d'or. Le titre, en or et couleur, est dans un joli frontispice de forme ovale, orné de fleurs et surmonté d'armoiries.

Ce manuscrit, un des plus jolis qui aient été écrits par Nic. Jarry, a été fait pour ANDRÉE DE VIVONNE, dame de la Chataigneraye et épouse de François V, duc de LA ROCHEFOUCAULD, l'auteur des *Maximes*. Elle était fille d'André de Vivonne, seigneur de la Chataigneraye, grand fauconnier de France, et d'El. de Loménie. Les armes accolées de La Rochefoucauld et de Vivonne sont peintes sur le frontispice ; le chiffre en or d'*Andrée de Vivonne* est sur le fermoir.

Riche et élégante reliure de Le Gascon, avec ornements en or au pointillé. La doublure à l'intérieur est parsemée à l'infini d'hermines, pièces principales des armoiries des Vivonne.

24. PETIT OFFICE DE LA VIERGE. Pet. in-12 de 173 pages, mar. orange, avec mosaïque de mar. r. et vert, doublé de mar. vert, dent., tr. dor. (*Padeloup*.)

Très-joli manuscrit sur vélin exécuté par Nicolas JARRY, et orné de plusieurs miniatures par L. DUGUERNIER. On lit à la page 162 : *Ludovicus Duguernier pingebat et Nic. Jarry scribebat, anno Domini* 1654.

Les miniatures de Duguernier, au nombre de cinq, sont d'une beauté remarquable ; elles représentent : *Jésus-Christ*, la *Sainte Vierge*, *David*, *Saint Sébastien* et *Sainte Catherine*.

Il y a eu plusieurs peintres du nom de Duguernier. Celui-ci est Louis, dit le jeune, né en 1614 et mort en 1655. Il excellait à peindre les portraits et était un habile miniaturiste. Il fut l'un des fondateurs de l'Académie de peinture, qui le nomma professeur en 1655.

En reliant le volume, on a placé au commencement un calendrier extrait de quelque livre d'heures du XVIe siècle, et où se font remarquer douze charmantes petites miniatures analogues aux travaux de chaque mois de l'année.

Sur l'un des feuillets de garde, Charles Nodier a écrit une assez longue note.

SAINTS PÈRES

25. HISTOIRE DE BARLAAM et de Josaphat, roy des Indes, composée par sainct Jean Damascene et traduite par Jean de Billy, prieur de la Chartreuse de Notre-Dame de Bonne-Esperance, près le chasteau de Gaillon. *Paris, Guillaume Chaudière,* 1578, in-8, réglé, mar. br. dos et plats à riches compartim., tr. dor.

Exemplaire de HENRI III, avec ses armes sur le dos de la reliure, sa devise *Spes mea Deus* et la tête de mort. Riche et belle reliure.

26. D. Aurelii Augustini libri XIII Confessionum. *Lugduni (Batavorum), apud D. Elzevirium,* 1675, pet.in-12, titre gr. mar. r., filets, dos orné, tr. dor., doublé de tabis (*Derome.*)

Très-bel exemplaire. — Haut. 131 millim. 1/2.

27. L'HOMME CRIMINEL, ou la corruption de la nature par le peché, selon les sentimens de S. Augustin, par le R. P. J. F. Senault, prestre de l'Oratoire. *Paris, chez la veuve J. Camusat et P. Le Petit,* 1644, in-4, mar. r. à riches compart. à petits fers, tr. dor.

Exemplaire de dédicace en grand papier et dans une reliure richement et finement dorée par LE GASCON, aux armes du CARDINAL DE RETZ, alors coadjuteur de Paris.
De la bibliothèque BENZON.

THÉOLOGIE MORALE, PARÉNÉTIQUE MYSTIQUE ET POLÉMIQUE

28. La Perpétuité de la foy de l'Eglise catholique touchant l'Eucharistie, avec la Refutation de l'écrit d'un ministre contre ce traité (par P. Nicole). *Paris, par la veuve Savreux*, 1672, in-12, réglé, mar. r., tr. dor.

Joli exemplaire aux armes, sur le dos et sur les plats, de Paule DE GONDY, duchesse de Retz et de LESDIGUIÈRES, morte en 1716.

29. Traitez singuliers et nouveaux contre le paganisme du Roy-boit. Le I. Du jeune ancien de la veille des Roys. Le II. De la royauté des Saturnales, contrefaite par les chrestiens dans cette feste. Le III. De la superstition du Phœbé. Par Jean Deslyons, doyen de la cathédrale de Senlis. *Paris, veuve Savreux*, 1670, in-12, mar. rouge, fil., tr. dor. (*Derome.*)

30. Le Chancre ou couvre-sein féminin..., ensemble le voile ou couvre-chef féminin, par J. P. (J. Polman), chanoine théologal de Cambray. *Douay, Gérard Patté*, 1635, in-8, mar. r., fil., tr. dor. (*Derome*).

Ouvrage singulier, dédié à Mme Louise de Lorraine, princesse de Ligne.
Exemplaire de LA VALLIÈRE et de D'HANGARD.

31. LES PROVINCIALES, ou Lettres escrites par L. de Montalte (Bl. Pascal) à un provin-

cial de ses amis et aux RR. PP. Jésuites sur la morale et la politique de ces pères, traduites en latin par Guill. Wendrock (P. Nicole), en espagnol par Gratien Cordero, et en italien par Cosimo Brunetti. *Cologne (Holl.), Balth. Winfelt*, 1684, in-8, mar. r., dos orné, fil., tr. dor. (*Padeloup.*)

Superbe exemplaire aux armes du comte D'HOYM.

32. LES PROVINCIALES, ou Lettres écrites par Louis de Montalte (Bl. Pascal), à un provincial de ses amis et aux RR. PP. Jésuites, touchant la morale de ces pères, avec les notes de Guill. Wendrock (P. Nicole), traduites en françois (par Mlle de Joncoux). *Cologne, Nic. Schouten*, 1700, 2 vol. in-12, mar. bleu doublé de mar. r., dent., tr. dor. (*Rel. anc.*)

Exemplaire de Mme DE CHAMILLART, avec ses armes à l'intérieur et son chiffre à l'extérieur.
Ce précieux exemplaire provient des bibliothèques de MM. PARISON et BRUNET.

33. SERMONS DU P. BOURDALOUE (publiés par le P. F. Bretonneau). *Paris, Rigaud*, 1707-1721, 14 vol. — Pensées. *Paris, Cailleau*, 1734, 2 vol. — Ensemble 16 vol. in-8, portr. d'après Jouvenet, mar. citr., fil., tr. dor. (*Padeloup.*)

Superbe exemplaire de LONGEPIERRE (Hilaire-Bernard de Requeleyne, baron de), avec ses insignes (la Toison d'or) sur le dos et les plats de la reliure. Les *Pensées*, publiées en 1734, c'est-à-dire après la mort de Longepierre, arrivée en 1721, sont de la même reliure que les autres volumes, mais offrent une légère différence dans la toison.

34. Mandement de Monseigneur l'évêque de Marseille (H. Fr. Xavier de Belzunce de Castelmoron) portant établissement dans la ville et dans le diocèse de Marseille d'une fête solennelle pour implorer la miséricorde de Dieu et lui demander d'en bannir à jamais l'impie secte des Déistes ... (suivi de l'Office des Saints du diocèse). (*Marseille*, 1753), in-8, mar. r , dent., tr. d'or.

Exemplaire de M. DE BELSUNCE, à ses armes. « C'est le livre dont se servait mon vénérable prédécesseur, Mgr de Belsunce, pour réciter l'office qu'il avoit institué en l'honneur de tous les saints du diocèse. C. J. EUGÈNE, ÉVÊQUE DE MARSEILLE ». (*Note écrite sur le feuillet de garde.*)

---

35. LA VISION DE LAME DE GUY DE THURNO. Cy commence une vision de lame dun honorable citoien de Verone en la basse Lombardie appele Guy de Turno (*sic*). Et pourquoi lesperit apres son trespas revenoit et traveilloit sa femme. Comment un notable prieur (frere Anthoine de Bauchant natif de France au comté de Bourgoigne) conjura cet esperit. Des demandes et responses qui furent dentre lesperit et le prieur. Et comment le prieur en fist un beau don a lesperit en la diminution de sa penance (en purgatoire. A la fin :) *Cy fine le livre intitule Vision de lame de Guy de Thurno, lequel livre a este escript et ordonne de par le commandement et ordonnance de*

tres haulte et tres excellente princesse Madame Marguerite de Yorch, par la grace de Dieu Duchesse de Bourgoŋgne ... Comtesse de Flandres. A este escript en sa ville de Gand par David, son escripvain, lan de grace mil. CCCC. soixante et quatorze, le pmr du mois de février. In-fol., caractères gothiques.

Manuscrit sur vélin, à deux colonnes et contenant 34 feuillets, y compris 3 feuillets blancs. Il est orné de belles bordures de fleurs dans lesquelles se trouvent les chiffres en or de Charles le Téméraire et de Marguerite d'York, sa femme, ainsi que leur devise : *Bien en adviendgne*.

Une très-belle miniature, placée en tête du manuscrit, ayant en largeur 160 millim., et en hauteur 120, représente une chambre dans laquelle se trouvent, avec plusieurs clercs, la veuve de Guy de Thurno et le prieur qui interroge l'esprit resté invisible à tous les assistants, sauf à la veuve.

Avec ce manuscrit est relié le suivant :

36. LA VISION DE TONDAL. Cy commence le livre dun chevallier et grant seigneur en Yrlande, et fut nomme Messire Tondal, et est contenu en cestuy livre comment son ame parti de son corps, comment elle vey et senti les tourmens denfer et aussi les peines de purgatoire. Et apres lange lui monstra la gloire et la noblesse du Paradis. Et puis lui fut lame remise ou corps. — Cy fine le livre intitule les Visions que recheu lesperit dun chevallier des marches dirlande nomme monsr Tondal. Lequel livre a este escript et ordonne par le commandement et ordonnance de tres haulte et tres puissante Prin-

cesse Madame Marguerite de Yorch, par la grace de Dieu Duchesse de Bourgoingne... Contesse de Flandres... *A este en sa ville de Gand, par David, son tres petit indigne escripvain, escript ou mois de mars lan de grace mil. CCCC. soixante et quatorze.* In-fol., mar. brun, doublé de vélin blanc, fil., avec armoiries à l'extérieur et à l'intérieur, tr. dor. (*Trautz-Bauzonnet.*)

Manuscrit du XVe siècle, sur vélin, écrit à deux colonnes en caractères gothiques. Il contient 44 feuillets, y compris 3 blancs, et est orné de 20 miniatures ayant en largeur 160 à 180 millim., et en hauteur 110 à 130.

Parmi les visions que des vivants eurent sur les destinées futures de l'âme, et dont les récits nous ont été transmis par des livres, une des plus répandues dans le moyen âge fut, sans contredit, celle du chevalier Tondal. On en peut juger par les nombreuses copies qui existent de l'original latin, qui remonte au XIIe siècle, par les éditions qu'on en donna dès l'origine de l'imprimerie et par les traductions françaises, flamandes et autres qui en furent faites à diverses époques.

L'auteur inconnu de cette vision n'a dû puiser que dans son imagination les descriptions qu'on trouve ici de l'enfer, car, s'il est resté quelques écrits antérieurs au sien sur ce sujet, ils n'offrent que bien peu de détails. Peut-être n'a-t-il fait, au reste, que réunir en faisceau les idées sur l'enfer qui existaient de son temps dans les croyances populaires.

Un fait digne de remarque, c'est que ce n'est que cent ans plus tard que Dante composa son immortel poème, et l'on ne peut s'empêcher de voir dans cette vision le germe de l'Enfer du poëte italien.

La vision eût lieu en l'an 1149. Le chevalier Tondal était un jeune seigneur d'une noble naissance, beau et riche. Malheureusement doué d'une âme sensuelle, il ne pensait qu'au plaisir et *se nourrissait délicieusement*, comme le dit l'auteur. Indifférent sur son salut, il ne fréquentait point les églises, et, au lieu de secourir les pauvres, il donnait tout ce qu'il avait à des ménestrels et à des jongleurs. Voici ce qui lui arriva. Un jour qu'il était à table chez un de ses compagnons de plaisir, et ne pensant qu'à faire bonne chère, comme il mettait la main au plat pour prendre un morceau, il tomba de son siège par terre, sans plus se mouvoir et donnant tous les signes de la mort. Il resta trois jours dans cet état, sans qu'on osât toutefois l'enterrer, parce que l'on sentait encore en lui une légère chaleur.

Le troisième jour, il reprit ses sens et étant revenu à lui, il se repentit de sa vie passée, et, après avoir reçu l'eucharistie, il raconta ce qu'il avait vu.

C'est ce récit qui fait le contenu de notre livre.

La traduction en a été écrite, comme le titre le dit, par le commandement de Marguerite d'York, duchesse de Bourgogne, femme de Charles le Téméraire.

Une traduction moderne a été donnée par M. Octave Delepierre, à Mons, en 1837. Elle est précédée d'une introduction qui nous a servi à rédiger cette note.

Description sommaire des vingt miniatures :

1º Tondal est à table avec ses amis et porte sa main au plat.

2º Tondal est étendu par terre, comme mort. Ses amis se désolent autour de lui.

3º L'âme de Tondal (représentée par son corps tout nu) entre en enfer, voit les démons et est réconfortée par un ange.

4º Tondal voit dans l'enfer une chaudière immense dans laquelle les démons précipitent les corps des damnés.

5º Tourments exercés contre les mécréants et les hérétiques.

6º — Contre les orgueilleux et présomptueux.

7º — Contre les avares.

8º — Contre les larrons et les voleurs.

9º — Contre les gloutons et les fornicateurs.

10º Contre les religieux et les religieuses qui ne gardent point leur chasteté.

11º — Contre ceux qui font mal sur mal.

12º Le pourtrait de la citerne douloureuse.

13º L'ange mène l'âme du chevalier devant les portes

de l'enfer, où ils virent Lucifer et comment par lui les âmes sont tourmentées.

14° Comment l'ange ramène l'âme à la clarté jusqu'à un autre lieu où il n'y avait plus que de petits tourments.

15° L'ange mène l'âme du chevalier dans un beau jardin où il y avait une fontaine dont l'eau étanchait la soif à tout jamais.

16° L'ange raconte à Tondal l'histoire de deux rois d'Irlande qui se promenaient dans le jardin.

17° Le bon ange mène l'âme voir les joies et les biens de ceux qui se sont loyalement tenus en état de mariage.

18° La gloire des martyrs et de ceux qui ont vécu saintement et chastement.

19° La gloire des bons moines et gens religieux.

20° La gloire des confesseurs et la gloire des vierges.

Dans ces vingt miniatures, des plus remarquables, le talent de l'artiste s'est inspiré de la sombre imagination de l'écrivain pour reproduire les scènes infernales décrites dans le livre.

La demi-obscurité dont il les a enveloppées leur donne un aspect des plus lugubres, et rappelle à l'esprit la célèbre expression *les ténèbres visibles*, employée par Milton dans le *Paradis perdu* pour peindre la demeure de Satan.

Ces miniatures sont entourées de riches bordures de fleurs en or et en couleur, au milieu desquelles se trouvent les chiffres en or de Charles et de Marguerite, avec leur devise: *Bien en adviengne*.

La provenance de ce manuscrit suffit pour en attester le mérite. On sait de quel talent étaient doués les artistes employés à la cour des ducs de Bourgogne.

On a placé à l'extérieur et à l'intérieur de la reliure les armes des ducs de Bourgogne. Celles apposées à l'extérieur ont été copiées sur le cachet de Charles le Téméraire pris par les Suisses à la bataille de Morat, et qui se conserve à Lucerne.

37. THOMAS A KEMPIS. De Imitatione Christi libri quatuor. *Lugduni* (*Batavorum*), *apud Joh. et*

Dan. *Elsevirios, s. a.*, pet. in-12, réglé, titre gravé, mar. r., compart., tr. dor.

Exemplaire grand de marges, provenant de la bibliothèque de M. Ed. VERNON UTTERSON. H. 129 millim. Charmante reliure de LE GASCON, dont les plats à riches compartiments sont dorés en plein et au pointillé. On remarque dans les ornements de la reliure, aux angles et sur le dos, un chiffre formé des lettres J. C. (Jésus-Christ.)

38. DE L'IMITATION DE JÉSUS-CHRIST, traduction nouvelle, par le sieur de Beuïl (L. Is. Le Maistre de Sacy). *Paris, Guil. Després,* 1690, gr. in-8, réglé, frontisp. gr., fig., mar. r., fil., doublé de mar. r., dent., tr. dor. (*Boyet.*)

Superbe exemplaire. Excellente reliure.

39. Le Livre de nouvel imprime faisant mention des sept paroles que notre benoist sauveur Jesus-Christ dit en larbre de la croix. Avec aucunes expositions et contemplations sur icelles. M. D. XXXIIJ. *On les vend a Paris, au Mont Saint-Hilaire, par J. Masse, imprimees par Estienne Caveiller.* In-8 goth., 95 fig. sur bois, mar. br., ornem., tr. dor. (*Hardy-Mennil.*)

L'auteur des expositions sur les *sept paroles* est Jean de Gaigny ou de Ganney, chancelier de l'Université de Paris, et parent du chancelier de France Jean de Ganay.

40. INTRODUCTION A LA VIE DÉVOTE du bienheureux François de Sales, évesque de Genève. *A Paris, de l'imprimerie royale du Louvre,* M. DCXLI, in-fol., titre gravé, mar., r., dos et plats ornés, tr. dor. (*Reliure du temps*).

Belle édition.

Le chiffre formé des lettres F. C. entrelacées, qui se trouve sur cet exemplaire, a fait penser que c'était celui de sainte Françoise de Chantal, amie de saint François de Sales et fondatrice de l'ordre de la Visitation des filles Sainte-Marie.

41. Instruction sur les estats d'oraison, où sont exposées les erreurs des faux mystiques de nos jours, par M. Jacques Bénigne Bossuet, évêque de Meaux. Seconde édition. *Paris, Jean Anisson,* 1697, in-8, portr. de Bossuet par Savart ajouté, mar. r., fil., tr. dor.

Exemplaire aux armes de Bossuet. De la bibliothèque Solar.

42. La seule véritable religion démontrée contre les Athées, les Déistes et tous les Sectaires, par l'abbé Hespelle, curé de Dunkerque. *Paris, Herissant,* 1774, 2 vol. in-12, mar. r., dos orné, fil., tr. dor.

Exemplaire aux armes de la reine Marie-Antoinette, à laquelle l'ouvrage est dédié.

43. Du Témoignage de la vérité dans l'Église, dissertation théologique, où l'on examine quel est ce témoignage... au regard de la dernière constitution. *S l.,* 1714, in-12, mar. r, fil., tr. dor.

Exemplaire de Longepierre, avec les Toisons d'or sur le dos et sur les plats. De la vente Yemeniz.

THÉOLOGIENS PROTESTANTS
OPINIONS SINGULIÈRES

44. Passevent, Parisien, respondant à Pasquin, Romain. De la vie de ceux qui se disent vivre selon la réformation de l'Evangile et sont allez demourer au pays jadis de Savoye : et maintenant soubz les princes de Berne, et seigneurs de Genève, fait en forme de dialogue (par Ant. Cathelan). *Lyon, 1556, in-16*, mar vert. (*Aux armes de J. A. de Thou.*)

Satire remplie d'invectives contre Calvin, Viret, Faret et autres réformateurs, desquels l'auteur, avec une grande liberté de langage, raconte les histoires les plus scandaleuses.

45. Le Monde à l'empire et le Monde démoniacle, fait par dialogues. Reveu et augmenté par Pierre Viret. *Genève, Guil de Laimarie, 1579*, in-8, mar. rouge, fil., tr. dor. (*Derome*).

Dans l'arrêt du Parlement du 6 septembre 1585, portant suppression des livres contre la religion catholique, le titre de cet ouvrage est ainsi donné : *Le monde allant pire.*

46. La Métamorphose chrestienne de P. Viret, en deux parties. Dialogues de la Ire partie intitulée *L'Homme*...Dialogues de la IIe partie intitulée *L'Eschole des bestes*. *Genève, par Jean le Preux, 1592*, pet. in-8, mar. rouge, fil., tr. dor. (*Padeloup.*)

47. La Physique papale, faite par manière de devis et par dialogues. L'ordre et les titres des

dialogues: 1. la Médecine; 2. les Bains; 3. l'Eau bénite; 4. le Feu sacré; 5. l'Alchymie. Par Pierre Viret. (Genève), *de l'imprimerie de Jean Gérard*, 1552, in-8, mar. rouge, fil., tr. dor. (*Derome*).

Un des ouvrages les plus rares de Viret.

48. La Polymachie des marmitons, ou la Gendarmerie du Pape, en laquelle est amplement descrit l'ordre que le Pape veut tenir en l'armée qu'il veut mettre sus pour l'eslevement de sa marmite. *Lyon, J. Saugrain*, 1563, 8 ff. — Avertissement à Messieurs du Puy, touchant l'idolâtrie qu'ils commettent envers l'idole de leur Nostre-Dame. Avec une Chanson spirituelle à la louange de la paix sur le même chant... *Lyon*, 1563, in-8, 8 ff., mar. v., dent., tr. dor. (*Derome.*)

Pièces très-rares, écrites en vers.

49. Le Rasoir des rasez. Recueil auquel est traité amplement de la tonsure et rasure du Pape et de ses papelards. *S. l.*, 1562, in-8, mar. rouge, tr. dor. (*Derome*).

Bel exemplaire de Girardot de Préfond (1re collection). Satire rare. A la fin se trouvent plusieurs pièces en vers contre le pape et les cardinaux : *Brève déclaration de ce que dénotent la rasure et tonsure des prestres.* — *Déploration des cardinaux... pour leur mère la Messe.*

50. Les tres merveilleuses Victoires des Femmes du nouveau monde... A la fin : La Doctrine du siècle doré, par Guillaume Postel. *Sur*

l'imprimé à Paris, *chez Jehan Ruelle*, 1553, in-12, mar. r., fil., dos orné, tr. dor.

Réimpression du XVIIIe siècle. Exemplaire de La Vallière.

51. De Rationibus Spiritus sancti lib. II, Gulielmo Postello Barentonio authore. *Parisiis, Petrus Gromorsus*, 1543, in-8, mar. rouge, dos orné, fil., tr. dor. (*Derome.*)

Exemplaire de Girardot de Préfond (2e collection).

---

52. Zoroastre, Confucius et Mahomet, comparés comme sectaires, législateurs et moralistes, par M. de Pastoret. *Paris, Buisson*, 1787, in-8, mar. r., fil., tr. dor.

Aux armes du comte DE VERGENNES, secrétaire d'Etat au ministère des affaires étrangères sous Louis XVI.

JURISPRUDENCE

Guill. Budæus. Annotationes Guill. Budæi, Parisiensis, in quatuor et viginti Pandectarum libros, a Joan. De Ganæium Cancellarium Franciæ. *Parisiis, ex off. Rob. Stephani*, 1535, 2 part. en 1 vol in-fol., v., fil. (*Aux armes du marquis de Morante.*)

Avec notes autographes de Pet. Paliatus, éditeur et traducteur de plusieurs ouvrages.

54. Les Ordonnances faictes et parachevees ou moys de Juillet M. CCCC. iiii. vingt treze, par le roy nostre sire Charles huitiesme de ce nom, a ce appelez messieurs du sang royal et autres nommez esdictes ordonnances. *Imprimees a P. (Paris)*, in-4, goth., 20 ff., mar. bl. foncé, doublé de vélin blanc, aigles aux coins, tr. dor. (*Trautz-Bauzonnet.*)

Parmi les signatures des princes, seigneurs, magistrats, qui sont à la fin des ordonnances, se voit celle du président Jehan de Ganay, qui fut plus tard chancelier de France.

SCIENCES ET ARTS

PHILOSOPHIE — MORALE

uillielmi Budei libros Plutarchi de placitis philosophorum naturalibus e greco in latinum conversos. Ad clarissimum virum Germanum Ganeium parlamentarem consiliarum. In-4, mar. rouge, rel. jans., tr. dor., aigles sur le dos et les plats. (*Trautz-Bauzonnet.*)

Beau manuscrit du XVIe siècle, sur vélin, avec lettres ornées en or et en couleur, et les armoiries et la devise des Ganay à la fin du volume.

56. Les Morales d'Epictète, de Socrate, de Plutarque et Sénèque (extraites et traduites en françois, par Desmarests de S. Sorlin). *Au chasteau de Richelieu, de l'imprimerie d'Estienne Migon*, 1653, pet. in-8, mar. rouge, fil., tr. dor. (*Derome.*)

Volume remarquable pour la beauté de son impression.

57. Theophrasti Characteres ethici, gr. et lat., cum notis, emendationibus Is. Casauboni et aliorum, acced. Jac. Duporti prælectiones : græca recensuit et notas adjecit P. Needham. *Cantabrigiæ*, 1712, in-8, mar. rouge, fil., tr. dor. (*Derome.*)

Bel exemplaire en grand papier. De la bibliothèque de Coulon de Lyon et de celle de L. d'Ourches.

58. Essais de Michel, seigneur de Montaigne. *Amsterdam, Ant. Michiels (Bruxelles, impr. de Fr. Foppens)*, 1659, 3 vol. in-12, dos ornés, mar. bl., compart., doublés de tabis, tr. dor. (*Courteval.*)

Haut. 154 millim.

59. Les Caractères de Théophraste, avec les Caractères ou les mœurs de ce siècle, par La Bruyère (avec les notes de Coste). *Amsterdam, F. Changuion*, 1754, 2 vol. in-12, mar. vert, dos ornés, fil., tr. dor. (*Bauzonnet-Trautz.*)

Exemplaire relié sur brochure.

60. Hier. Osorii Lusitani, de Gloria libri V. Ejusdem de nobilitate civili et christiana libri V. *Basileæ, apud P. Pernam*, 1576, pet. in-8, mar. citr., fil. (*Aux armes de J. A. de Thou.*)

61. Les Devoirs des grands, par M. le prince de Conty, avec son testament. *Paris, Denys Thierry*, 1666, petit in-8, réglé, mar. noir,

compart. et fleurs de lis sur les plats et croix de Lorraine sur le dos, tr. dor. (*Rel. anc.*)

Édition originale.

62. LA CIVILE HONESTETÉ pour les enfants. Avec la manière d'aprendre à bien lire, prononcer et escrire, qu'avons mise au commencement. (Dédié à Monseigneur Liénor d'Orléans, Duc de Longueville, par C. de Calviac). *Paris, de l'imprimerie de Phil. Danfrie et Rich. Breton*, 1559, in-8, 32 ff., mar. rouge, tr. dor. (*Trautz-Bauzonnet.*)

Imprimé en caractères cursifs du temps, lesquels, d'après le titre de l'ouvrage ci-dessus, ont été nommés vulgairement *caractères de civilité*. (Man. du Libr., II, col. 75.)

Livre très-rare. M. Brunet ne l'indique que sous la date de 1560, et ne donne pas le nom de l'auteur, C. de Calviac, qui a signé la dédicace.

POLITIQUE

63. Le Corps politique, ou les Elémens de la Loy morale et civile, par Th. Hobbes (traduit du latin par Sorbière). *Leyde, Jean et Daniel Elsevier*, 1653, pet. in-12, mar. bl., dent., doublé de tabis, tr. dor. (*Derome.*)

Exemplaire de Renouard. Haut. 132 millim.

64. L'Utopie de Th. Morus, chancelier d'Angleterre ; idée ingénieuse pour remédier au malheur des hommes et pour leur procurer une félicité complète... Plan d'une républi-

que dont les lois..... tendent à faire faire aux sociétés humaines le passage de la vie dans toute la douceur imaginable. Traduite en françois par Gueudeville. *Leide, P. Vander Aa*, 1715, in-12, fig., mar. rouge, fil. tr., dor.

Exemplaire de Charles Nodier. Charmante reliure de PADELOUP.

65. Codicilles de Louis XIII, Roy de France et de Navarre, à son très cher fils aisné et successeur en ses royaumes de France et de Navarre, Canada, Mexique, etc., etc., pour devenir le plus puissant roy, plus impérieux que Charlemagne, plus débonnaire que Saint Louis, plus aimé de ses peuples que Louis XII, etc. (A la fin :) *Achevé d'imprimer le 7ᵉ d'août* M. DC. XLIII, 4 part. en un vol. in-24, mar. r. (*Rel. jans.*)

Ce petit livre, aussi singulier que rare, et dont on ne connaît pas l'auteur, contient d'excellentes choses qui sont mêlées à beaucoup d'extravagances.

La première partie traite des matières générales, presque toutes de morale et de piété. La seconde, sous le titre de *Prudence royale*, composée de 78 chapitres, entre dans les hautes affaires de gouvernement, d'administration et de justice civile, criminelle et ecclésiastique. La troisième partie est consacrée à la *Prudence guerrière*, et descend jusqu'aux plus petits détails de l'état militaire de la France. Enfin, la quatrième partie, la *Prudence mesnagère*, traite des tribunaux, des médecins, des colléges et des devoirs domestiques.

HISTOIRE NATURELLE. — MÉDECINE

66. Benedicti Maffei Epitoma in libros Plinii historie naturalis. Pet. in-4, peau de truie brune, doublé de vélin blanc, aigles à l'intérieur, tr. dor. (*Trautz-Bauzonnet.*)

Manuscrit italien du XVe siècle, sur vélin. 59 feuillets, avec lettres initiales en or et en couleur. La première page, contenant une épître dédicatoire à D. Oliverio, cardinal-évêque de Sabine, est dans un encadrement, délicatement peint en miniature, avec arabesques et figures d'anges. Au bas de la page sont les armoiries du cardinal.

67. ALEXANDRI TRALLIANI medici libri XII (græce). Rhazæ de pestilentia libellus, ex Syrorum lingua in græcam translatus. Jacobi Goupyli in eosdem castigationes. *Lutetiæ, ex officina Rob. Stephani*, M. D. XLVIII. In-fol., mar. ol., compart., tr. dor., avec fermoirs en cuivre et cordelettes, clous sur les plats.

Exemplaire de HENRI II. Superbe reliure parfaitement conservée. Le dos est parsemé des chiffres de Henri II et de Diane de Poitiers en argent, dans un semis de fleurs de lis en or. Au centre des plats sont les armes de Henri II, entourées des attributs de Diane, l'arc et le triple croissant, peints en blanc, des chiffres de Henri et de Diane couronnés et de fleurs de lis, le tout ingénieusement disposé. Les armes, les chiffres et les fleurs de lis sont en or sur l'un des plats, et en argent sur l'autre.

68. IO. FERNELII AMBIANI medicina. Ad Henricum II. Galliarum regem Christianiss. *Lutetiæ Parisiorum, apud Andream Wechelum*,

1554, in-fol. gr. pap., réglé, mar. r., compart., tr. dor. ciselée.

Exemplaire aux armes du célèbre cardinal de Guise (Charles de Lorraine), plus connu sous le nom de *cardinal de Lorraine*, archevêque de Reims, mort en 1574.

Magnifique reliure du XVIe siècle, ornée sur les plats de riches compartiments du plus beau style, au milieu desquels sont les armoiries du cardinal.

Jean Fernel, médecin de Henri II, né à Clermont en Beauvoisis, fut un des plus savants médecins de son temps.

ART MILITAIRE

69. STRATAGEMI MILITARI DI Sesto Giulio Frontino, tradotti in lingua italiani ... da Marc' Antonio Gandino. *In Venetia, appresso Bolognino Zaltiero*, 1584, in-4, mar. ol., tr. dor.

Exemplaire de Henri III, tout parsemé de fleurs de lis, avec son chiffre et les armes de France et de Pologne sur le dos et les plats. Très-beau volume.

70. Les Ruses et cautelles de guerre (dédié à tres vertueux et illustre Prince Monseigneur le Duc de Bourbon et d'Auvergne, Remy Rousseau, humble et petit orateur). (A la fin) *On les vent à Paris en la rue Neufve Nostre-Dame, à l'enseigne de l'Escu de France (chez Alain Lotrian)* S. d., pet. in-8, fig. sur bois sur le titre, v. f., fil., tr. dor. (*Thouvenin.*)

Remy Rousseau dit dans sa dédicace que ce livre a été en partie extrait de Frontin par Emery de Sainte-Rose, et que lui-même y a ajouté les meilleurs stratagèmes de guerre qu'il a trouvés dans plusieurs histoires.

SCIENCES OCCULTES

71. La Philosophie occulte de H. Corn. Agrippa, traduite du latin (par A. Levasseur). *La Haye, Chr. Alberts,* 1727, 2 vol. in 8, mar. rouge, fil., tr. dor. (*Rel. anc.*)

Exemplaire en grand papier, des ventes Méon et d'Ourches.

72. LE COMTE DE GABALIS, ou Entretiens sur les sciences secrètes (par l'abbé de Montfaucon de Villars). *Paris, Cl. Barbin,* 1670, in-12, mar. r., doublé de mar. vert, tr. dor.

Édition originale.
Charmant exemplaire de LONGEPIERRE, avec la Toison d'or sur le dos, les plats et à l'intérieur de la reliure. Il y a en plus, sur l'un des feuillets de garde, son *ex libris* sur papier, avec sa signature.
Exemplaire de Charles Nodier (avec une note de sa main), et ensuite de J. J. DE BURE.

73. Les Vrayes Centuries et Prophéties de Maistre Michel Nostradamus, où se void representé tout ce qui s'est passé tant en France, Espagne, Italie, Allemagne, Angleterre, qu'autres parties du monde... Avec la vie de l'auteur. *Amsterdam, Jean Jansson, à Waesberge, et la vefvé de fu Elisée Weyerstraet,* 1668, pet. in-12, front. gravé représentant l'exécution de Charles Ier et l'incendie de Londres, mar. rouge, encadrements, doublé de mar. rouge, dent., tr. dor. (*Thouvenin.*)

Exemplaire avec témoins. Haut. 133 millim. 1/2.

BEAUX-ARTS

74. L'Art de Peinture de Charles du Fresnoy. (texte en regard), traduit en françois, avec des remarques (par R. de Piles). *Paris, Nic. L'Anglois*, 1668, in-8, v. fauve. (*Aux armes du comte d'Hoym.*)

Exemplaire de F. Didot et de Châteaugiron.

75. Recueil de peintures indiennes. Grand in-fol. mar. r. doublé d'une riche étoffe indienne soie et or. (*Rel. de David.*)

Vingt-trois magnifiques tableaux représentant des scènes de mœurs intérieures, des chasses, des combats, des paysages, le tout peint avec une merveilleuse finesse.

76. Tableaux du Temple des Muses, tirez du cabinet de feu M. Favereau, avec les descriptions, remarques et annotations composées par Michel de Marolles, abbé de Villeloin. *Paris, Nicolas L'Anglois*, 1655, in-fol., front. gr. et fig., mar. citron, dent., tr. dor. (*Padeloup.*)

Exemplaire en grand papier, aux armes du comte D'HOYM.
Édition ornée de 60 figures gravées par Bloëmaert, d'après les dessins de Diepenbeke.
Avec l'estampe de *Salmacis et Hermaphrodite* gravée par Bloëmaert, qui manque souvent, et la même figure gravée par Poilly, qui la remplace ordinairement.

77. De gli Habiti antichi et moderni di diversi parti del mondo, libri due, fatti da Cesare

Vecellio. *Venetia, D. Zenaro,* 1590, in-8, fig. sur bois, mar. vert, dos orné, fil., tr. dor. (*Niedrée.*)

Première édition. Bel exemplaire.

78. Souvenirs de la galerie Pourtalès. Tableaux, antiques et objets d'art, photographiés par Goupil. *Paris, Goupil,* 1863, gr. in-fol., 60 planches, mar. r., tr. dor.

BELLES-LETTRES

GRAMMAIRE. — RHÉTORIQUE

Grammaire de P. de la Ramée (Ramus). A la Royne, mère du Roy. *Paris, André Wechel*, 1572, in-8, mar. bl., fil., tr. dor. (*Thompson*)

Les notes qu'on lit sur les marges de cet exemplaire sont de la main de Lantin, de Dijon.

80. La Rhétorique françoise d'Antoine Fouquelin de Chauny, en Vermandois, à très illustre Princesse Madame Marie Stuart, Royne d'Escosse. Nouvellement reveue et augmentée. *Paris, And. Wechel*, 1557, pet. in-8, mar. bl., fil., tr. dor. (*Thompson.*)

Ouvrage rare, curieux à cause des citations nombreuses que l'auteur y a faites des poëtes français de son époque.
Dans sa dédicace à Marie Stuart, alors dauphine, Fouquelin rappelle que cette princesse, en présence de Henri II et de toute la cour, prononça une oraison en latin où elle

soutint, contre la commune opinion, qu'il était bienséant aux femmes de savoir les lettres et arts libéraux. Ce fut sur l'invitation de cette princesse, dit Brantôme, que Fouquelin composa sa rhétorique.

81. Philippiques de Démosthène et Catilinaires de Cicéron, traduites par M. l'abbé d'Olivet. *Paris, Pigct,* 1744, in-12, mar. r., fil., tr. dor. (*Rel. anc.*)

Aux armes du Dauphin, fils de Louis XV, avec des dauphins sur le dos et aux coins des plats de la reliure.

POÉSIE

Poëtes grecs et latins.

82. Les dix premiers livres de l'Iliade d'Homere, prince des poetes. Traduictz en vers françois par M. Hugues Salel, de la chambre du Roy et abbé de S. Cheron. *On les vend à Paris, au Palais, en la boutique de Vincent Sertenas,* 1545. (A la fin) *Imprimé à Paris par Jehan Loys,* M.D.XLV, in-fol., front. et fig. grav. sur bois, mar. brun, compart., tr. dor. (*Trautz-Bauzonnet.*)

Volume supérieurement imprimé, avec dix belles figures sur bois, gravées au trait dans le style de Geofroy Tory, et entourées de bordures en arabesques. Belles initiales à fond criblé.

83. LE SECOND LIVRE DE L'ILIADE, du prince des poetes, Homere, traduit par (Hugues)

Salel. In-8, 28 feuillets, mar. noir, fil., tr. dor. (*Rel. du XVIe siècle.*)

Beau manuscrit sur VÉLIN, exécuté pour FRANÇOIS Ier. Il est écrit en beaux caractères semi-gothiques. Sur le premier feuillet est la DÉDICACE AU ROY.

Belle reliure, dont les plats sont parsemés à l'infini d'F en argent et de fleurs de lis en or.

84. L'Odyssée d'Homère, traduction nouvelle... suivie de remarques, par Bitaubé. *Paris, Lamy*, 1785, 3 tom. en 6 vol. in-8, mar. vert, dos ornés, fil., tr. dor., doublé de tabis. (*Derome.*)

Imprimé sur VÉLIN. Nous n'avons que l'*Odyssée*; mais on peut croire que l'*Iliade* n'existe pas sur vélin, car ni Van Praet ni Brunet n'en font mention. Le grand amateur de livres sur vélin Mac-Carthy ne possédait que l'*Odyssée*. Son exemplaire était, comme le nôtre, partagé en six volumes et relié en maroquin vert. C'est évidemment le même.

85. P. VIRGILII MARONIS OPERA (ex recensione D. Heinsii). *Lugd. Batavorum, ex officina Elzeviriana*, 1636, pet. in-12, titre gravé, mar. rouge, fil., tr. dor. (*Derome.*)

Bonne édition. Haut. 128 millim.
Très-joli exemplaire, provenant de la bibliothèque de M. CIGONGNE, avec sa marque.

86. Virgilii Maronis opera (edente Maittaire). *Londini, ex officina Jacobi Tonson*, 1725, in-12, front. gr., mar. r., fil., tr. dor. (*Boyet.*)

Exemplaire en grand papier, aux armes du prince EUGÈNE DE SAVOIE sur les plats et sur le dos de la reliure.

87. Publ. Virgilii Maronis Bucolica, Georgica et Æneis. *Birminghamiæ, Joh. Baskerville,* 1766, in-8, front., mar. rouge, fil., dos orné, tr. dor. (*Rel. anc.*)

88. Le Virgile travesty en vers burlesques de M. Scarron. *Suivant la copie imprimée à Paris (Amsterdam, Wolfganck),* 1661, 2 vol. pet. in-12, titres gravés, mar. r., fil., tr. dor. (*Chaumont.*)

89. Q. Horatii Flacci poemata, cum notis Johannis Bond. *Amstelodami, apud Dan. Elzevirium,* 1676, pet. in-12, mar. rouge, fil , doublé de mar. ol., compart., tr. dor. (*Thouvenin.*)

Exemplaire très-grand de marges, avec témoins. Haut. 135 millim. 1/2.

90. Œuvres d'Horace en latin, traduites en françois par Dacier et le P. Sanadon, avec les remarques de l'un et de l'autre. *Amsterdam, J. Wetstein,* 1735, 8 vol. in-12, front. gr., mar. bleu, dent., doublé de tabis, tr. dor. (*Derome.*)

Superbe exemplaire de F. Didot. Vente 1811.

91. Aurelii Prudentii Clementis opera. *Amstelodami, apud Johannem Janssonium,* 1631, in-24, mar. rouge, tr. dor., *rel. jans.* (*Thouvenin*)

Exemplaire de Racine, avec sa signature sur le dernier feuillet.

92. Aurelii Prudentii Clementis quæ exstant. N. Heinsius ex vetustissimis exemplaribus recensuit, et animadversiones adjecit. *Amstelodami, apud D. Elzevirium*, 1667, pet. in-12, mar. v. dos orné, large dent., tr. dor. (*Rel. anc.*)

Bel exemplaire, haut. 132 millim.
Exemplaire de Coulon.

93. Stultifera navis, per Sebastianum Brant. *Basileæ, F. Bergman*, 1497, in-4, fig. sur bois, mar.; compart. à mosaïque, fig. sur bois. (*Rel. mod.*)

94. Georgii Buchanani Scoti Poemata. *S. L.* 1594. — Ejusdem Tragœdiæ. *Apud P. Sanctandreanum*, 1597, in-8, mar. r. fil., tr. dor.

Bel exemplaire aux armes de J. A. DE THOU.

95. Histoire macaronique de Merlin Coccaie, prototype de Rabelais. (Trad. de Th. Folengo.) *Paris, Toussaincts du Bray*, 1606 (1734), 2 vol. pet. in-12, mar. v. fil., tr. dor. (*Rel. anc.*)

Poëtes français.

Poëtes français anciens jusqu'à Clément Marot.

96. Les Poésies du roy de Navarre (Thibaut, comte de Champagne), avec des notes, et précédées de l'Histoire des Révolutions de la langue françoise depuis Charlemagne jusqu'à

saint Louis (par Lévêque de La Ravallière). *Paris, H. L. Guerin*, 1742, 2 vol. in-12, fig., v. fauve.

97. LE ROMMANT DE LA ROSE (par Guill. de Lorris et Jean de Meung). Nouvellement reveu et corrigé, oultre les précédentes impressions (par Clément Marot). *On le vend à Paris, par Galliot du Pré*, 1529. (A la fin) *Imprimé à Paris, par maistre Pierre Vidoue... au moys de Mars mil cinq centz XXIX, avant Pasques.* Pet. in-8, lettres rondes, fig. sur bois, mar. r., dos orné, riches compart. sur les plats, doublé de mar. citr., large dent., tr. dor. (*Trautz-Bauzonnet.*)

Exemplaire très-grand de marges. H. 143 millim.

98. LES ŒUVRES FEU MAISTRE ALAIN CHARTIER. Nouvellement imprimées, reveues et corrigiées. *On les vend à Paris, en la boutique de Galliot du Pré*, 1529. (A la fin) *Imprimées à Paris par Pierre Vidoue*, M.D.XXIX. Pet. in-8, lettres rondes, mar. brun, riches compart., doublé de mar. vert, larg. dent., tr. dor. (*Trautz-Bauzonnet.*)

Exemplaire rempli de témoins. H. 144 millim. Le plus bel exemplaire connu de ce livre. Acquis à la vente Saint-Mauris. (1849).

99. LE CHAMPION DES DAMES. Livre plaisant, copieux et habondant en sentences. Contenant la deffence des dames contre Malebouche et

ses consors, et victoire dicelle, composé par Martin Franc, secrétaire du feu pape Félix V. *On les vend à Paris, en la boutique de Galiot du Pré.* (A la fin) *Imprimé à Paris, par P. Vidoue*, MDXXX. Pet. in-8, lettres rondes, fig. sur bois, mar. bl., dos orné, compart., doublé de mar. r., larges dent. à petits fers, tr. dor. (*Bauzonnet-Trautz.*)

Le plus bel exemplaire connu de cette édition rare. Hauteur 146 millim.

100. LE CHEVALIER DÉLIBÉRÉ (par Olivier de la Marche).
(A la fin)

> Cet traité fut parfait lan mil
> Quatre cens quatrevings et trois
> Ainsi que sur la fin d'avril
> Que lyver est en son exil
> Et que leste fait ses exploîs
> Au bien soit pris en tous endrois
> De ceux à qui il est offert
> Par celui à qui tant a souffert
>   La Marche.

Petit in-folio, car. goth., à 2 col, fig. sur bois coloriées, mar. vert, comp. à fr. doublé de mar. rouge, très-riches comp., tr. dor.(*Trautz-Bauzonnet.*)

Magnifique exemplaire, le seul connu de cette édition. Il a fait partie des bibliothèques de Colbert, de du Fay et du comte d'Hoym.

C'est celui qui a servi à la description donnée dans le *Manuel du Libraire* (III, col. 781).

Le volume se composé de 33 feuillets. Au premier f. recto on voit, au-dessous du titre, une figure représentant le *Chevalier délibéré* atteint par la mort, et au verso une autre gravure : *l'acteur (l'auteur) et Pensée*. Il y a dans le volume quatorze autres grandes planches qui, dans cet exemplaire, sont coloriées. Le dernier feuillet est occupé au verso par les vers indiqués ci-dessus, à la suite du titre, et par une gravure où figure un éléphant portant un château fort avec plusieurs tours, et ayant les initiales G. et D. placées sur les côtés. M. Brunet croyait que c'étaient les armes de la ville d'Anvers et pensait que ce livre pouvait avoir été imprimé dans cette ville vers l'année 1500. Mais, d'après une communication qui nous a été faite par un bibliographe hollandais, M. J. H. Hessels, nous savons maintenant que ces armes sont celles de la ville de Goude, et qu'on doit expliquer ainsi les lettres G. D. qui accompagnent la figure : G. (*Gou*, D. (*da*).

M. Hessels a vu dans la bibliothèque de l'Université de Cambridge un volume intitulé : « *Quinto pertitum opus grammaticale pro pueris in lingua latina erudiendis*, ayant la souscription suivante : *Impressum Goude per me Gotfridum de Os, anno* 1486, et imprimé avec les mêmes caractères qui ont été employés dans notre édition du *Chevalier déliberé*. Il est donc évident d'après cela que ce livre est sorti des presses de *Gotfr. Van Os*, de Goude, et que l'on en peut faire remonter la date de l'impression jusque vers 1486, c'est-à-dire peut-être avant celle de l'édition de Vérard, Paris, 1488, qui passe pour être la première.

M. Hessels a fait une autre découverte qui vient corroborer celle du nom de l'imprimeur : il a remarqué dans la figure de la fin, parmi quelques détails de gravure et au bas de la trompe de l'éléphant, les lettres G V OS. C'est évidemment le monogramme de GOD. VAN OS, qui sans doute était en mêmetemps imprimeur et graveur.

On sait que le *Chevalier déliberé* est un poëme allégorique où sont racontées la vie et la mort de Charles le Téméraire, qu'Olivier de la Marche accompagnait à la funeste journée de Nancy.

Notre exemplaire, qui chez le comte d'Hoym était en veau fauve, a été revêtu d'une excellente et superbe reliure de M. Trautz-Bauzonnet. L'écusson du comte d'Hoym, apposé sur les plats extérieurs de l'ancienne reliure, a été conservé et adapté à l'intérieur de la nouvelle.

100 *bis*. El Cavallero determinado traduzido de lengua francesa en Castellana por don Hernando de Acuna. *En Anveres, en l'officina plantiniana, cerca la biuda y Juan Moreto,* 1591, in-8, fig., mar. r., ornem. sur les plats, tr. dor. (*Trautz-Bauzonnet.*)

C'est la traduction en vers espagnols du *Chevalier délibéré d'Olivier de La Marche.* Cette édition contient dix-neuf figures sur cuivre qui reproduisent les sujets gravés sur bois de l'édition française, mais le graveur n'a pas cherché à les copier fidèlement; les costumes, notamment, sont d'un siècle plus tard, c'est à-dire de la fin du XVIe siècle.

101. Les Lunettes des Princes, avec aulcunes balades et additions nouvellement composees par noble homme Jehan Meschinot, escuier, en son vivant Grant maistre dhotel de la Royne de France. (A la fin) *Imprimees à Paris par la veufve feu Jehan Trepperel et Jehan Jehannot, s. d.* (vers 1510). Pet. in-8, goth., fig. sur bois sur le titre et au verso, mar. vert, fil., tr. dor. (*Thouvenin.*)

J. Meschinot, poëte et grand maître d'hôtel de la reine Anne de Bretagne, né à Nantes vers 1415 ou 1420, mourut en 1491. Ses poésies, publiées après sa mort, eurent alors un tel succès qu'il en fut fait vingt-deux éditions, depuis la première, imprimée à Nantes en 1493, jusqu'à la dernière, qui parut à Paris en 1539, chez J. Bignon.

Toutes sont maintenant de la plus grande rareté, notamment celle-ci, que M. Brunet dit n'avoir pas vue et dont il donne l'indication seulement d'après le catalogue de la maison professe des jésuites.

102. (MATHEOLUS.)
    Le livre de Matheolus
    Qui nous monstre sans varier

> Les biens et aussi les vertus
> Qui vieignent pour soy marier,
> Et a tous faicts considerer
> Il dit que lhomme nest pas saige
> Sy se tourne remarier
> Quand prins a este au passaige.

(Au recto du dernier feuillet)

> *Pour lan que je fus mis en sens*
> *Retenez M. et cinq cens*
> *Je vous prie ostez en huit*
> *Mettez octobre le tiers jour*
> . . . .

Pet. in-4, goth. à 2 col., fig. sur bois, mar. rouge, dos orné, fil., tr. dor. (*Derome*.)

Édition attribuée à Antoine Vérard. Les vers qu'on lit ci-dessus, et où l'on trouve la date de 1492, ont été copiés sur la première édition in-folio. Celle-ci, qui lui est postérieure, a été imprimée après 1500.

Ce bel exemplaire a appartenu à GIRARDOT DE PRÉFOND, à MAC-CARTHY et à Rich. Heber.

103. LE SEJOUR DHONNEUR, composé par reverend pere en Dieu messire Octovien de Sainct Gelaiz, Evesque d'Angoulesme. *Nouvellement imprime a Paris, pour Anthoyne Verard...* (A la fin) *Cy finist le Sejour Dhonneur, nouvellement imprime a Paris pour Anthoyne Verard, desmeurant... devant la rue Neufve Nostre Dame, a lymage sainct Jehan levangeliste... Et fut acheve le xxve jour daoust Mil ccccc. et xix* (marque de Verard). In-4 goth., mar. rouge, dos orné, fil., tr. dor. (*Bauzonnet-Trautz.*)

Bel exemplaire.

104. Les Poésies de Guillaume Crétin. *Paris, de l'impr. d'Ant. Urbain Coustelier*, 1723, un tom. en 2 vol. in-12, mar. r , dos ornés, fil., tr. dor. (*Rel. anc.*)

Exemplaire imprimé sur VÉLIN, aux armes de France. De la bibliothèque de Renouard.

105. La Quenouille spirituelle (par Jehan de Lacu, mise en vers par P. Gringore). *S. lieu ni date*, pet. in 8, goth., 24 ff., fig. sur bois, mar. viol., fil., tr. dor.

Au commencement du feuillet Aij se trouve un sommaire ainsi conçu : *Sensuit une devote contemplation, ou meditation de la croix de nostre Sauveur... que chacune devote femme pourra speculer en filant sa quenouille materielle, faicte et composee par maistre Jehan de Lacu, chanoine de Lisle.*

La forme donnée par l'auteur à cet opuscule est un dialogue entre Jésus-Christ et une jeune fille.

A la fin de ce petit livre, se lit un huitain acrostiche (intitulé *l'incitation de l'auteur*), dont les premières lettres de chaque vers étant réunies donnent le nom de *Gringore*. (Brunet, *Man. du Libr.*)

Depuis Clément Marot jusqu'à Malherbe.

106. L'ADOLESCENCE CLÉMENTINE, aultrement les œuvres de Clément Marot de Cahors en Quercy, faictes en son adolescence. Reveues et corrigées selon la copie de sa dernière recongnoissance.—La suite de l'Adolescence Clémentine. Cest assavoir les Elegies, les Espitres, les Chantz divers.—Le premier livre

de la Métamorphose d'Ovide. *On les vent à Anvers en la maison de Jehan Steels à l'escu de Bourgongne,* 1539. pet. in-8, lettres rondes, mar. bl., dos orné, fil., doublé de mar. rouge, dent., réglé, tr. dor. (*Du Seuil*)

Très-bel exemplaire.

Cette édition renferme, outre *l'Adolescence Clémentine,* le *Recueil des œuvres de Jehan Marot, contenant Rondeaulx, Epistres....., Chantz royaulx,* M. D. XXXIX. — *Jean Marot de Caen sur les deux heureux voyages de Gênes et Venise, victorieusement mis à fin par le très-chrestien roy Loys douziesme,* M. D. XXXIX. (A la fin) *Imprimé en Anvers par Guillaume du Mont, l'an* M. D. XXXIX.

On a ajouté à la fin du volume la pièce suivante : *Les disciples et amys de Marot contre Sagon, La Hueterie,* etc. *Paris, J. Morin,* 1537. Edition originale.

107 Les Œuvres de Clément Marot..., plus complet et en meilleur ordre qu'auparavant. *Paris. chez Pierre Gaultier,* 1551, un tome en 2 vol in-16, lettres rondes, mar. bl., dos ornés, fil., doublé de mar. rouge, dent., tr. dor. (*Du Seuil.*)

Bel exemplaire d'une édition rare. On a ajouté à la fin : *Cinquante-deux pseaumes de David, traduitz en rithme françoise... par Cl.* Marot, Paris, Guill. Thibout, 1551, caract. ital.

Exemplaire de Coulon (n° 1563 de son catal.), de Bruyères-Chalabre et de G. de Pixerécourt.

108. Les Œuvres de Clement Marot, revues et augmentées de nouveau. *La Haye, Adr. Moëtjens,* 1700, 2 vol. pet. in-12, réglés, mar. rouge, fil., doublés de mar. ol., dent., tr. dor.

Charmant exemplaire relié par Padeloup. Haut. 134 millim.

109. Controverses des sexes masculin et fémenin (par Gratien du Pont, sieur de Drusac). *Sans lieu*, 1539, 3 part. en 1 vol. in-16, fig. sur bois, mar. rouge, fil., dos orné, encadrements, tr. dor. (*Bauzonnet.*)

Bel exemplaire.

110. LE SECOND ENFER D'ESTIENNE DOLET, natif d'Orléans. Qui sont certaines compositions faictes par luymesme, sur la justification de son second emprisonnement. (Avec deux dialogues de Platon... l'ung intitulé Axiochus, un autre intitulé Hipparchus. Le tout traduict par E. Dolet). *Lyon*, 1544, pet. in 8, 95 pages, mar. vert, doublé de mar. rouge, dent. tr. dor. (*Bauzonnet.*)

Cette édition, quoique portant le nom de Lyon, a été imprimée à Troyes, ainsi qu'on le voit au verso du dernier feuillet, où se trouve la marque de Nicolle Paris, imprimeur de cette ville. Le même a donné de ce livre une autre édition, également en 1544, avec son nom et celui de Troyes et imprimée avec les mêmes caractères.

Il existe encore une édition du *Second Enfer*; elle porte comme la nôtre, sur le titre, le nom de Lyon, mais les caractères sont différents. C'est probablement la première et celle qui a été donnée par Dolet lui-même. Le seul exemplaire connu est actuellement chez Mgr le duc d'Aumale. Il faisait auparavant partie de la bibliothèque de M. Cigongne. On ne connaît également qu'un exemplaire de notre édition. De l'autre édition de Troyes, il en existe deux, l'un chez M. de Ruble (de la bibliothèque de M. de Lurde), l'autre à la Bibliothèque nationale.

On sait que c'est à cause de sa traduction des deux dialogues de Platon, qui se trouvent à la suite du *Second Enfer*, que le malheureux Dolet fut condamné à être brûlé avec son livre, sur la place Maubert, le 3 août 1546. Il faut croire que la sentence fut presque aussi rigoureusement exécutée contre le livre que contre l'auteur, puisque des trois éditions il n'est resté que quatre exemplaires.

111. MARGUERITES DE LA MARGUERITE des Princesses, tres-illustre Royne de Navarre (publ. par S. Sylvius dit de Lahaye). *Lyon, par Jean de Tournes*, 1547, 2 vol. pet. in-8, fig. sur bois, mar. vert, dent., doublé de tabis, tr. dor. (*Rel. anc.*)

Bel exemplaire dont la reliure est ornée sur les plats de marguerites en mosaïque de maroquin rouge et citron.
Exemplaire de Coulon et auparavant de L. d'Ourches.

112. EUVRES DE LOUISE LABÉ, Lionnoize. *Lyon, par Jan de Tournes*, 1555, in-8, mar. bl., dos orné, fil., doublé de mar. r., dent., tr. dor. (*Bauzonnet.*)

Première édition, extraordinairement rare. — Le titre qui manquait a été parfaitement exécuté en fac-simile.

113. RYMES DE Gentille et vertueuse dame D. PERNETTE DU GUILLET, Lyonnoize, de nouveau augmentées. *Lyon, par Jean de Tournes*, 1552, in-8 de 84 pages, mar. vert, dos orné, fil., doublé de mar. rouge, riches compart. à petits fers, tr. dor. (*Bauzonnet.*)

Troisième édition, plus complète que les deux premières. Les pages 81 à 84 contiennent trois pièces qui ne se trouvent pas dans les autres.
Ce bel exemplaire, le seul connu jusqu'à présent, provient de la vente de R. Heber. C'est celui qui a servi à la description que M. Brunet a donnée de ce livre dans sa dernière édition du *Manuel*. Haut. 156 millim.

114. Les Odes d'Olivier de Magny, de Cahors en Quercy. *Paris, André Wechel,* 1559, in-8, mar. rouge, fil., tr. dor. (*Rel. anc.*)

Bel exemplaire, grand de marges, de cet ouvrage d'un des poëtes les plus recherchés du XVIe siècle.

115. Les Premieres Œuvres de Philippe Des Portes. *Paris, par Mamert Patisson,* 1600, in-8, mar. rouge, dos orné, fil., tr. dor. (*Bauzonnet-Trautz.*)

Très-bel exemplaire. Sur le titre se trouve le petit timbre de l'ancienne bibliothèque de l'abbaye de Saint-Denis.

116. Essais de Hierosme d'Avost, de Laval, sur les sonets du divin Pétrarque, avec quelques autres poësies de son invention. Aux illustres sœurs Philippe et Anne du Prat, et de Thiert. *Paris, Abel Langelier,* 1584. — Poësies de Hiérosme d'Avost, de Laval, en faveur de plusieurs illustres et nobles personnes. *S. l.,* 1584, 2 tom. en 1 vol. in-8, portr. de Hier. d'Avost gravé sur bois, mar. rouge, fil., tr. dor. (*Kœhler.*)

117. L'Amour de Cupido et de Psiché, mère de Volupté, prise des cinq et sixiesme livres de la métamorphose de Lucius Apuleius, historiée et exposée en vers françois (par J. Maugin, dit le petit Angevin). *Sans lieu ni date,* (*Paris,* vers 1586), pet. in-4, fig., mar. orangé, fil., tr. dor., ornements avec mosaïque sur les plats. (*Trautz-Bauzonnet.*)

Ce volume consiste en 32 planches, non compris le frontispice, finement gravées sur cuivre par Léonard Gaultier, d'après Raphaël. Les vers de J. Maugin sont au bas de chaque planche. Cette suite est fort rare.

118. LE PREMIER LIVRE des Poëmes de J. PASSERAT. *Paris, veufve Mamert Patisson*, 1602. Recueil de quelques vers amoureux (par Bertaut). *Paris, veufve Mamert Patisson*, 1602, 2 tom. en 1 vol. pet. in-8, mar. vert.

Très-bel exemplaire de ces deux poëtes, réunis en un volume, aux armes de J. A. DE THOU. Il a appartenu à Renouard, qui y a ajouté le portrait de Passerat, d'après Thomas de Leu, gravé par Gaucher.

119. Les Satyres et autres œuvres du sieur Regnier. *Leiden, J. et D. Elsevier*, 1652, pet. in-12, mar. lie de vin, compart. de fil., tr. dor. (*Thouvenin.*)

Haut. 124 millim. 1/2.

Depuis Malherbe jusqu'à nos jours.

120. Poësies de Malherbe, avec un Discours sur les obligations que la langue et la poësie françoise ont à Malherbe, et quelques remarques historiques et critiques (par Lefebvre de Saint-Marc). *Paris, de l'imprimerie de Joseph Barbou*, 1757, in-8, portr. d'après Du Moustier gravé par Fessard, mar. vert, fil., tr. dor. (*Rel. anc.*)

Exemplaire en grand papier de Hollande.

121. Les Satyres bastardes et autres œuvres folastres du cadet Angoulevent.

QUATRAIN

« Quiconque aura le mal de rate
« Lisant ces vers gais et joyeux :
« Je veux mourir s'il ne s'esclatte
« De rire, et ne pleure des yeux. »

A *Paris*, 1615, petit in-12, 3 ff. lim. dont un blanc et 164 ff., mar. or., dos orné, fil., tr. dor. (*Trautz-Bauzonnet.*)

Recueil de poésies licentieuses, qui, n'ayant eu qu'une édition, est devenu fort rare.

122. Le Cabinet satyrique, ou Recueil parfait des vers piquants et gaillards de ce temps, tiré des secrets cabinets des sieurs de Sigogne, Regnier, Motin, Berthelot, etc. S. l.(*Hollande, Elzevier*), 1666, 2 vol. pet. in-12, mar. rouge, fil., tr. dor. (*Padeloup.*)

Exemplaire de Ch. Nodier. Haut. 126 millim.

123. Les Œuvres de M. Honorat de Beuil, chevalier, seigneur de Racan. *Paris, Urbain Coustelier*, 1724, 2 vol. in-12, mar. rouge, dent., tr. dor. (*Bradel.*)

124. Le Gouvernement present, ou Eloge de Son Eminence (le cardinal Richelieu), satire ou la Miliade. (A la fin) *Imprimée à Envers*, s. d., in-8, mar. rouge, fil., tr. dor. (*Rel. anc.*)

Édition originale de cette satire, attribuée à Favereau ou à D'Estelan, le premier conseiller en la Cour des Aydes, le second, fils du maréchal de Saint-Luc. Suivant une note du XVIIe siècle, écrite sur le titre, elle serait de Mathieu de Mourgues, sieur de Saint-Germain.

Exemplaire de Coulon.

125. Le Bouquet printanier, ou Recueil des plus belles fleurs de ce temps, avec les qualitez de chacune en particulier. *Autun, Blaise Simonot,* 1662, pet. in-16, fig. sur bois, mar. vert, tr. dor. (*Rel. anc.*)

Le bouquet se compose de vingt-huit fleurs ; chacune occupe le recto d'un feuillet avec un huitain au-dessous. Au verso un petit discours en prose, adressé aux dames, indique les vertus de chaque fleur.

Exemplaire de R. Heber et de Ch. Nodier.

126. La Chronique scandaleuse, ou Paris ridicule, de C. Le Petit. *Cologne, Pierre de la Place,* 1668, pet. in-12, 47 pages, mar. raisin de Corinthe, encadrement à la Du Seuil, tr. dor. (*Thouvenin.*)

Joli exemplaire d'un volume rare, qu'on joint à la collection des Elzeviers. Haut. 131 millim.

127. Rome, Paris et Madrid ridicules (par S. Amant, Petit et Blainville), avec des remarques historiques et un recueil de pièces choisies, par de Blainville. *Paris, P. Le Grand (Amsterdam),* 1713, in-12, mar. bl. (*Thompson.*)

Exemplaire non rogné.

Le *Paris ridicule* de Cl. Le Petit qui se trouve dans ce recueil offre des différences considérables avec l'édition originale portée ci-dessus. Le nouvel éditeur dit que son édition a été corrigée sur un véritable manuscrit de l'auteur, trouvé parmi ses papiers après sa mort. Nous ne savons si cette assertion est exacte; mais ce qu'il y a de certain, c'est que le poëme ne commence pas de même dans les deux éditions; que celle de 1668 a trente-trois stances de plus que celle de 1713, et que cette dernière en a neuf qui ne sont point dans la première. On remarque en outre, dans le texte, d'assez nombreuses variantes.

128 Œuvres de Chapelle et Bachaumont (édition publiée par Le Febvre de Saint-Marc). *La Haye et Paris, chez Quillau,* 1755, pet. in-12, mar. bl., dent., tr. dor. (*Bozerian.*)

On a ajouté à l'exemplaire le portrait de Chapelle, gravé par Ingouf, et une vue de Montpellier par Villaret.

129. FABLES CHOISIES, mises en vers par M. de La Fontaine, et par luy reveues, corrigées et augmentées (IV parties). *Paris, D. Thierry et Cl. Barbin,* 1678-79. — Fables choisies, par M. de La Fontaine (cinquième partie). *Paris, Cl. Barbin,* 1694. — Ensemble 5 vol. in-12, fig. de Chauveau, mar. rouge, fil., tr. dor. (*Trautz-Bauzonnet.*)

Première édition complète, publiée sous les yeux de l'auteur. Tous les volumes sont de bonne date et avec les cartons indiqués par M Brunet.
Exemplaire de M. WALCKENAËR. Relié depuis.

130. Fables de La Fontaine, avec figures gravées par Simon et Coiny. *Paris, Imprimerie de Didot l'aîné,* 1787, 6 vol. in-18, pap. vél., mar. rouge, fil., tr. dor. (*Trautz-Bauzonnet.*)

131. Fables de La Fontaine, suivies d'Adonis, poëme. *Paris, de l'imprimerie de P. Didot.*

An VII, 2 vol. in-12, mar. rouge, tr. dor. (*Bauzonnet-Trautz.*)

Un des cinq exemplaires imprimés sur vélin.

132. Contes et Nouvelles en vers de M. de La Fontaine. *Amsterdam, H. Desbordes,* 1685, 2 vol. in-12, fig. de Romain de Hooge, mar. rouge, dos ornés, fil., tr. dor. (*Padeloup.*)

Première édition sous cette date. Figures de premières épreuves.

133. Contes et Nouvelles en vers par M. de La Fontaine. (Edition publiée aux frais des fermiers généraux, avec une notice par Diderot.) *Amsterdam (Paris, Barbou),* 1762, 2 vol. in-8, portr. gravés par Ficquet, figures d'Eisen et culs-de-lampe de Choffart, mar. rouge, dent., doublé de tabis, tr. dor. (*Derome.*)

L'exemplaire, très-grand et parfaitement conservé, est recouvert d'une élégante reliure de Derome, avec larges dentelles à petits fers. Les épreuves sont des plus belles.

Le *Cas de conscience* et le *Diable de Papefiguière* ne sont pas voilés.

Exemplaire de Coulon.

134. Œuvres de N. Boileau Despréaux, avec des éclaircissements historiques rédigés par Brossette; augmentées de plusieurs pièces, avec des remarques par M. (Lefebvre) de Saint-Marc. *Paris, David,* 1747, 5 vol. pet. in-8, vignettes par Eisen, fig. par Cochin, port., mar. rouge, dos à nerfs, fil., tr. dor. (*Derome.*)

Très-bel exemplaire.

135. La Religion, poëme par M. (L.) Racine, (avec le poëme de la Grâce et autres pièces). *Londres (Paris, Cazin)*, 1785, 2 vol. in-24, port. gravé par Delvaux ajouté, mar. rouge, fil., tr. dor. (*Derome.*)

Très joli exemplaire.

136. La Pucelle d'Orléans, poëme (par Voltaire), divisé en vingt chants, avec des notes. *A Conculix*, s. d., in-32, fig., mar. rouge, tr. dor.

137. Œuvres de Gresset. *Londres, Ed. Kelmarneck (Paris*, 1765), 2 vol. in-12, mar. r., fil., tr. dor. (*Aux armes de la comtesse d'Artois.*)

138. Le Trésor du Parnasse, ou le plus joli des Recueils (publ. par Couret de Villeneuve et Berenger). *Londres (Paris)*, 1762, 5 vol. in-12, mar. vert, dos ornés, fil., tr. dor. (*Rel. anc. avec armoiries.*)

139. Les Baisers, précédés du Mois de Mai, poëme (par Dorat). *A la Haye, et se trouve à Paris, chez Lambert et Delalain*, 1770, in-8, pap. de Holl., titre rouge et noir, estampes, vignettes et culs-de-lampe d'après Eisen, mar. r. doublé de mar. vert, compart., tr. dor. (*Thibaron-Joly.*)

Très-belles épreuves. A la suite des *Baisers*, se trouvent les *Imitations des poëtes latins*.

140. Les Loisirs des bords du Loing, ou Recueil de pièces fugitives (par M. Jos. Pelée de

Varennes). *S.l.* (*Montargis*), 1784, in-12, mar. vert, fil., tr. dor. (*Rel. anc.*)

Imprimé sur papier rose. A la suite se trouvent plusieurs feuillets de papier avec ce titre : *Essais de papiers fabriqués avec de l'herbe, de la soie, du tilleul, etc., à Langlée, près Montargis, par Leorier Delisle,* 1784.

Exemplaire aux armes de M. de Vergennes, ministre des affaires étrangères sous Louis XVI.

141. Noels nouviaux françois et bourguignons, par divers auteurs. *Dijon, A. de Fay* (1712-1715), 2 part. en 1 vol. in-12, mar. viol., non rogné. (*Thompson.*)

Poëtes italiens, espagnols et anglois.

142. Petrarcha spirituale, ristampato nuovamente et dall' authore Maripetro (Malipiero), frate minorata, corretto. (A la fin) *Stampato por Francesco Marcolini da Furli, in Venetia.* 1538, in-8, mar. r. compart. dorés en plein, tr. dor. (*Belle rel. italienne.*)

Ce sont les vers de Pétrarque même, auxquels, au moyen de quelques légers changements, le frère Malipiero a trouvé le moyen d'attacher un sens spirituel.

143. Il Malmantile racquistato, poema di Perlone Zipoli (Lorenzo Lippi). *In Finaro* (*Firenze*), *nella stamperia di Giov. Tommaso Rossi,* 1676, in-12, mar. rouge, dos orné, filets et ornements sur les plats, tr. dor. (*Niedrée.*)

Première édition, rare, surtout avec la pièce de 16 feuillets intitulée : *Giovanni Cinelli al cortese lettore,* diatribe contre quelques littérateurs de l'époque, qui n'a été tirée qu'à 50 exemplaires.

144. Le Paradis perdu de Milton, poëme héroïque, traduit de l'anglois (par Dupré de S. Maur, suivi du Paradis reconquis du même, traduit par le P. de Mareuil). *Paris, Bordelet,* 1765, 4 vol. pet. in-12, mar. vert, fil., tr. dor. (*Rel. anc.*)

THÉATRE

Théâtres latin et françois.

145. Les Œuvres de Plaute, en latin et en françois, avec des Remarques et un Examen de chaque pièce, par H. P. de Limiers. *Amsterdam,* 1719, 10 vol. in-12, front. et fig., mar. r., fil., dos ornés, tr. dor. (*Derome.*)

146. P. Terentii Afri comœdiæ. (A la fin) *Apud Aldi filios, Venetiis,* M.D.XLV, in-8, v. à compart., tr. dor. ciselée. (*Rel. ital.*)

Très-belle reliure aldine du XVIᵉ siècle, ornée de riches et élégants compartiments peints en noir et en blanc et rehaussés d'or.
De la bibliothèque de M. L. DOUBLÉ.

147. Pub. Terentii Comœdiæ sex, ex recensione Heinsiana. *Lugd. Batavorum, ex officina Elzeviriana,* 1635, pet. in-12, mar. ol., compart., doublé de mar. vert, compart., tr. dor. (*Thouvenin.*)

Bonne édition. Haut. 126 millim.

148. Les Comédies de Térence, avec la traduction et les remarques de Madame Dacier, *Rotterdam, G. Fritsch,* 1717, 3 vol. pet. in-8, front. et fig. de B. Picart, mar. rouge, dent., doublé de moire, tr. dor. (*Lefebvre.*)

<small>Exemplaire en grand papier, relié sur brochure. De la bibliothèque de M. Coulon.</small>

149. Sophonisba, tragédie très-excellente, tant pour l'argument que pour le poly langage et graves sentences dont elle est ornée; représentée et prononcée devant le roy, en sa ville de Bloys (imitée de l'italien du Trissin, par Mellin de Saint Gelais). *A Paris, de l'imprimerie de Phil. Danfrie et de Richard Breton,* 1559, in-8, mar. rouge, tr. dor. (*Trautz-Bauzonnet.*)

<small>Imprimé en caractères dits de *Civilité*. Pièce rare.</small>

150. Phaëton, bergerie tragique des guerres et tumultes civiles, à M. l'illustriss. Evesque Salviati, nonce de Sa Sainteté (par J. Bellaud, Provençal). *Lyon, Ant. de Harsy,* 1574, in-8, titre encadré, mar. bl., fil., tr. dor.

<small>Pièce rare.</small>

151. Venceslas, tragi-comédie de M. de Rotrou. *Suivant la copie imprimée à Paris,* 1648. — Cosroës, tragédie du même. *La Haye,* 1649. — Amarillis, pastorale du même. *Jouxte la copie de Paris, chez Antoine de Sommaville,*

1654. — 3 part. en 1 vol. pet. in-12, mar. rouge, tr. dor. *Rel. janséniste.* (*Duru.*)

Éditions rares. Le *Venceslas* et le *Cosroès* ont été imprimés à Leyde par Jean et Daniel Elsevier. *Amarillis* est due aux presses de Fr. Foppens, à Bruxelles.

Haut. 125 millim.

152. CORNEILLE. Le Cid, tragi-comédie. *Suivant la copie imprimée à Paris*, 1644. — Horace, tragédie. *Suivant la copie,* 1645. — Cinna, ou la Clémence d'Auguste. *Suivant la copie,* 1644. — Polyeucte, martyr. *Suivant la copie,* 1644. — La Mort de Pompée. *Suila copie,* 1644. — Le Menteur, comédie. *Suivant la copie,* 1645. — 6 part. en 1 vol. pet. in-12, mar. r., fil., tr. dor. (*Derome.*)

Les cinq premières pièces de ce volume ont été imprimées à Leyde, chez les Elsevier (Bonav. et Abraham), à la sphère. Elles forment le recueil factice bien connu sous le titre : *L'Illustre Théâtre de M.' Corneille, Leyden*, M.DC.XLIV, et dont il existe quatre ou cinq exemplaires avec ce titre. Il y a en plus ici le *Menteur*, qui sort des mêmes presses.

Ce recueil provient de la bibliothèque de M. Caillard. Les six pièces sont très-grandes de marges. Haut. 128 millim.

153. Le Menteur, comédie (par P. Corneille). *Suivant la copie imprimée à Paris (Leyde, les Elsevier),* 1645. — La Suite du Menteur (par le même). *Suivant la copie imprimée à Paris (Leyde, les Elsevier),* 1645. — 2 part. en 1 vol. pet. in-12, mar. rouge, fil., tr. dor. (*Trautz-Bauzonnet.*)

Haut. 128 millim.

154. Rodogune, princesse des Parthes, tragédie de M. de Corneille. *Suivant la copie imprimée à Paris (Leyde, les Elsevier)*, 1647, pet. in-12, mar. r., tr. dor. (*Trautz-Bauzonnet.*)

Haut. 122 millim.

155. Héraclius, empereur, tragédie, par le sieur Corneille. *Suivant la copie imprimée à Paris (Leyde, les Elsevier)*, 1647, pet. in-12, mar. r., tr. dor. (*Trautz-Bauzonnet.*)

Haut. 123 millim.

156. Don Sanche d'Arragon, comédie héroïque (par P. Corneille). *Suivant la copie imprimée à Paris (Leyde, les Elsevier)*, 1656, pet. in-12, mar. rouge, fil., tr. dor. (*Trautz-Bauzonnet.*)

Haut. 133 millim.

157. Nicomède, tragédie, par le sieur Corneille. *Leyde, J. Sambix (les Elsevier)*, 1652, pet. in-12, mar. r., tr. dor. (*Trautz-Bauzonnet.*)

Haut. 125 millim.

158. Sertorius, tragédie par M. Corneille. *Suivant la copie imprimée à Paris (Amsterd., D. Elzevier)*, 1662, pet. in-12, mar. rouge, fil., tr. dor. (*Trautz-Bauzonnet.*)

Haut. 133 millim.

Cette édition de Sertorius est très-rare, et c'est la seule que l'on puisse joindre aux autres pièces de Corneille imprimées par les Elsevier ; elle paraît être sortie des presses de Daniel Elzevier, à Amsterdam.

159. LES ŒUVRES DE M. MOLIÈRE. *Amsterdam, Jacques le Jeune (Dan. Elzevier)*, 1675, 5 vol. pet. in-12. — Œuvres posthumes de M. de Molière, enrichies de figures en taille-douce. *Amsterdam, Jacques le Jeune*, 1684, pet. in-12. — Ensemble 6 vol., mar. rouge, fil., tr. dor. (*Derome.*)

Magnifique exemplaire de CAILLARD, rempli de témoins. Haut. 134 millim.
On a mis à la suite du *Cocu imaginaire*, qui dans cet exemplaire est de l'édition : *Suivant la copie*, 1662 (*Amst. Wolfganck, au quærendo*), *la Cocue imaginaire* (par Fr. Doneau de Vizé). *Suivant la copie*, 1662 (*Amsterdam, Wolfganck, au quærendo*).
La reliure du volume des *Œuvres posthumes*, ajoutée après coup, est de Thouvenin et imite assez bien celle de Derome.

160. Œuvres de Molière. *Paris, David l'aîné*, 1739, 8 vol. in-12, fig., mar. bl., fil., doublé de tabis, tr. dor. (*Anguerrand.*)

Superbe exemplaire en papier fort, auquel sont ajoutées les figures de Punt, d'après Boucher, en premières épreuves. Cette édition, qui est la copie de celle de 1734, 6 vol. in-4, donnée par Marc-Ant. Joly, renferme de plus que celle-ci : *Addition à l'avertissement* (58 pages), contenant : 1° Extrait d'un livre intitulé *Nouvelles nouvelles*, par de Visé, *Paris*, 1663 ; 2° Lettres sur les affaires du Théâtre (extr. des *Diversités galantes*), *Paris*, 1664 ; 3° Catalogue des critiques qui ont été faites contre les comédies de Molière.
Exemplaire de COULON, et auparavant de Randon de Boisset, Gouttard et Anisson-Duperron.

161. Œuvres de Racine, édition augmentée de diverses pièces et de remarques (par d'Olivet, Desfontaines, Racine fils, etc.). *Amsterdam,*

J. F. Bernard, 1743, 3 vol. in-12, front. gr., port. et fig. d'après les dessins de Dubourg, gravées par Tanjé, mar. rouge, fil., tr. dor. (*Derome.*)

Bel exemplaire d'une édition estimée. On y remarque les diverses leçons recueillies par l'abbé d'Olivet dans les premières éditions de Racine.

162. L'Ecole des Amans, comédie (par Ant. Fr. Jolly). *Paris, P. Ribou,* 1719, in-12, mar. citron, dos orné et dent. en argent, doublé de mar. vert, dent. en or, gardes en papier doré et à fleurs, tr. dor. (*Jolie rel. anc.*)

163. La Faculté vengée, comédie en trois actes, par M. (de La Mettrie). *Paris, Quillau,* 1747, in-8, mar. cit., tr. dor.

Exemplaire aux armes de Germain Louis de Chauvelin, garde des sceaux, mort en 1762.

Riche reliure de Le Monnier, à mosaïque de maroquin vert et rouge.

ROMANS ET CONTES

Romans grecs.

164. LES AMOURS PASTORALES DE DAPHNIS ET CHLOÉ (traduites du grec de Longus par J. Amyot, avec un avertissement par Ant. Lancelot). *S. l. (Paris, imp. de Quillau),* 1718, pet. in-8, fig. gravées par Benoît Audran, d'après les dessins du duc d'Orléans, régent, mar. rouge, larges dentelles, doublé de tabis, tr. dor. (*Padeloup.*)

Edition originale. Bel exemplaire, grand de marges,

figures de premières épreuves. Portrait d'Amyot, gravé par Saint-Aubin, et figures de Prudhon ajoutés.

Jolie reliure, avec attributs de l'amour dans les ornements des plats.

165. Les Amours pastorales de Daphnis et Chloé. S. l. (Paris), 1745, pet. in-8°, 6 ff. lim., 159 pages de texte, et xx de notes par Ant. Lancelot, figures du régent, mar. rouge, dent., tr. dor. (Rel. anc.)

Outre les figures du Régent, cette édition contient quatre culs-de-lampe par Cochin.

Exemplaire de M. de Pastoret, chancelier de France.

166. Héliodore. Les Amours de Théagène et Chariclée. Histoire éthiopique (trad. du grec d'Héliodore par l'abbé de Fontenu). Londres, (Paris, Coustelier), 1743, 2 vol. pet. in-8, fig., mar. vert, fil., tr. dor.

Exemplaire aux armes du duc de LA VALLIÈRE.

Romans français.

167. LE RECUEIL DES HISTOIRES et singularitez de la noble cité de TROYE la grande, nouvellement abrégé (d'après Raoul Le Fèvre). (A la fin) *Imprimé à Lyon par Denys de Harsy*, 1544, in-fol, 58 ff., chacun avec une fig. sur bois. — La Destruction de Troye la grande, le Ravissement d'Héleine faict par Paris Alexandre, composée en rithme françoise, par maistre Jehan de Mehun... avec les Prouesses, noblesses et vertus du preux Hector... A la verité nouvellement reveue et très diligemment

reduicte en la vraye langue françoyse. *Imprimé à Lyon, par Denys de Harsy,* 1544, in-fol. à 2 col., fig. sur bois, 186 ff., 2 part. en 1 vol. in-fol., mar. vert, doublé de mar. rouge, riches et élégants compart., tr. dor. (*Niedrée.*)

Livre très-rare. La première partie est un abrégé du roman de chevalerie donné sous le même titre par Raoul Le Fevre. La seconde contient un Mystère, divisé en quatre journées, composé en 1430, non pas, comme le dit le titre, par Jehan de Meung, mais par Jacques Millet.

Magnifique exemplaire, grand de marges et de la plus belle conservation ; il provient des ventes de Méon et Morel de Vindé (relié alors en maroquin), Soleinne et Baudeloque (relié en cuir de Russie par Lewis). Depuis la dernière de ces ventes il a été recouvert d'une magnifique reliure par feu Niedrée ; c'est une des plus belles de cet habile relieur, renommé surtout comme doreur.

168. HISTOIRE DE GUY DE WARVICH, chevalier Dangleterre, qui en son temps fist plusieurs prouesses et combas, conquestes, tant en Allemaigne, Ytalie et Danemarche, et aussi sur les infideles... et de la belle fille nommee Felixe, sa mye, surmontant la beaulté de toutes dames et damoyselles. *A Paris, pour Jehan Bonfons, s. d.,* in-4°, goth. à 2 col., figures sur bois, mar. rouge, dos orné, fil., tr. dor. (*Du Seuil.*)

Bel exemplaire, aux armes du comte de Toulouse, acquis par lui à la vente Du Fay, en 1725, et provenant en dernier lieu de la bibliothèque du roi Louis-Philippe (en 1852).

La reliure, qui est excellente et qui paraît être de Du Seuil, porte dans un écusson, sur les plats, la date de *janvier* 1696.

169. Les Œuvres de M. François Rabelais, augmentées de la vie de l'auteur et de quelques

remarques. *S. l. (Amsterdam, L. et D. Elzevier)*, 1663,2 vol. pet. in-12, mar. rouge, fil., dosorné, doublé de mar. citron, dent., tr. dor. (*Trautz-Bauzonnet.*)

Exemplaire, très-grand de marges, avec témoins. Haut. 135 mill. et demi.

170. ŒUVRES DE MAITRE FRANÇOIS RABELAIS, avec des remarques historiques et critiques (par Le Duchat et Bernard de La Monnoye). *Amsterdam, H. Bordesius,* 1711, 6 tomes en 5 vol. in-8°, figures, mar. rouge, dos ornés, fil., tr. dor. (*Boyet.*)

Magnifique exemplaire en grand papier, aux armes du comte D'HOYM, et qui a appartenu successivement à DU FAY, au comte D'HOYM, à BONNEMET, à LAVALLIÈRE, à MIRABEAU, à NAIGEON, à F. DIDOT et à COULON.

On a ajouté une belle épreuve du portrait de Rabelais, gravé par Savart.

171. LE TIERS LIVRE DES FAICTS ET DICTS HEROIQUES DU BON PANTAGRUEL, composé par M. François Rabelais, docteur en medicine. Reveu et corrigé par l'autheur sus la censure antique. *Paris, de l'imprimerie de Michel Fezandat,* 1552, pet. in-8, réglé, mar. citr., fil., tr. dor. (*Boyet.*)

Belle édition de ce tiers livre, qui fait regretter que Michel Fezandat n'ait pas imprimé les deux premiers. C'est la dernière que Rabelais ait revue ; elle présente des augmentations importantes.

Exemplaire aux armes du comte D'HOYM.

172. LE QUART LIVRE DES FAICTS ET DICTS HEROIQUES DU BON PANTAGRUEL, composé par

M. François Rabelais. *Paris, de l'imprimerie de M. Fezandat*, 1552, pet. in-8, mar. citr., fil., tr. dor., réglé. (*Boyet*).

Première édition de ce livre.
Le prologue est du premier tirage. *La briefve declaration d'auscunes dictions*, morceau de 9 ff. placés à la fin du volume, et qui n'est que dans quelques exemplaires, est dans celui-ci.

Les deux précieux volumes qui précèdent, et qui sont aux armes du comte D'Hoym, ont passé successivement depuis lui chez Bonnemet, chez La Vallière, chez Mirabeau (1791), chez Bonnier (1799), chez Leblond (1810), et chez Duriez (1827).

173. LES SONGES DROLATIQUES de Pantagruel, où sont contenues plusieurs figures de l'invention de Maistre François Rabelais; et dernière œuvre d'iceluy, pour la récréation des bons esprits. *Paris, R. Breton*, 1565, in-8°, 120 grav. sur bois, mar. rouge, tr. dor.

Livre singulier et des plus rares.
La reliure paraît avoir été faite par Bozerian, qui a adapté sur les plats extérieurs la couverture d'une reliure du XVIIe siècle, richement dorée à petits fers, dans le style de Le Gascon.

174. Chriserionte de Gaule, histoire mémorable noüvellement et miraculeusement trouvée en terre saincte, par le sieur de Sonan, l'un des cent gentils-hommes ordinaires de la maison du Roy (dédié au connétable de Lesdiguières). *Lyon, Barth. Vincent*, 1620, in-8, mar. vert, fil., tr. dor.

Exemplaire de Girardot de Préfond (1re Bibliothèque) et de Méon.

175. Zayde, histoire espagnole, par M. de Segrais (Mme de La Fayette), avec un traité de l'Origine des romans, par M. Huet. *Suivant la copie imprimée à Paris (Amsterdam, Abr. Wolfganck, au Quærendo)*, 1671, 2 tom. en 1 vol. pet. in-8, front. gr., mar. citr., tr. dor. (*Trautz-Bauzonnet.*)

176. La Princesse de Clèves (par Mme de La Fayette). *Paris, Claude Barbin*, 1678, 4 tom. en 2 vol. in-12, réglés, mar. citron, tr. dor. (*Trautz-Bauzonnet.*)

Édition originale. Charmant exemplaire.

177. La Princesse de Clèves (par Madame de La Fayette). *S. l. nid. (Holl., vers* 1678), 4 tom. en 1 vol. pet. in-12, front. gr., mar. r., tr. dor. (*Trautz-Bauzonnet.*)

Cette édition paraît avoir été imprimée à Amsterdam chez D. Elzevier.

178. HISTOIRE DU CHEVALIER DES GRIEUX et de Manon Lescaut (par l'abbé Prévost). *Amsterdam (Paris, François Didot)*, 1753, 2 vol. in-12, figures de Pasquier et Gravelot, mar. br., dos ornés, riches dent. sur les plats. (*Trautz-Bauzonnet.*)

Exemplaire en grand papier de Hollande, relié sur brochure et rempli de témoins.

179. Joseph, par Bitaubé. *Paris, impr. de (François-Ambroise) Didot l'aîné*, 1786, in-8,

pap. vélin, portr. et fig. de Marillier, mar. rouge, fil., tr. dor. (*Derome.*)

Exemplaire aux armes de la duchesse de Polignac (Yol. Gabr. de Polastron), l'amie de la reine Marie-Antoinette.

Romans historico-satiriques. — Contes et Nouvelles.

180. Mémoires historiques et secrets concernant les amours des Rois de France (d'après Sauval, par le marquis d'Argens), avec quelques autres pièces curieuses (Réflexions sur la mort de Henri le Grand. Le Mal de Naples, son origine et ses progrès en France, etc.). *Paris, vis-à-vis le Cheval de bronze (Hollande),* 1739, pet. in-12, mar. vert, dent., tr. dor. (*Bozerian jeune.*)

Exemplaire relié sur brochure.

181. Histoire des amours de Henri IV (attribuée à Louise-Marguerite de Lorraine, princesse de Conti), avec diverses lettres escrites à ses maistresses (et le Recueil de quelques belles actions et paroles mémorables du Roy Henry le Grand). *Leyde, Jean Sambix (Bruxelles, Fr. Foppens),* 1663, pet. in-12, mar. r., fil., tr. dor. (*Trautz-Bauzonnet.*)

Hauteur 125 millimètres.

182. Les Amours d'Anne d'Autriche, épouse de Louis XIII, avec M. le Cardinal de Richelieu, le véritable père de Louis XIV, aujour-

d'hui Roi de France. *Cologne, P. Marteau, (Holl.; à la sphère),* 1696, pet. in-12, front. gr., mar. vert, fil., tr. dor. *(Bradel.)*

<small>Exemplaire de Caillard et de Coulon.

Cette édition est la seule sur le titre de laquelle se trouve le nom du cardinal de Richelieu; dans les autres il y a seulement les initiales C. D. R., qui désignent, dit-on, le comte de Rivière, mais qui, en tout cas, dans les intentions de l'auteur, ne s'appliquent pas au cardinal de Richelieu.</small>

183. La Cassette ouverte de l'illustre Criole, ou les Amours de Madame de Maintenon. *Ville-Franche (Hollande), chez David du Four,* 1691, pet. in-12 de 3 ff. lim. et 120 pages, mar. vert, et encadrements, tr. dor. *(Thouvenin.)*

<small>A la suite de ce petit roman satirique se trouvent des poésies gaillardes qui commencent à la page 95.

Le même livre a été reproduit sous le titre : *Les Amours de Madame de Maintenon, Villefranche,* 1694, et sous celui de *Passe temps royal de Versailles, Cologne,* 1695 (sans les poésies); il est beaucoup plus rare sous le premier titre.</small>

184. Histoire secrette de la duchesse de Portsmouth (Louise Keroual, fille d'honneur d'Henriette, duchesse d'Orléans), où l'on verra une relation des intrigues de Charles II durant le ministère de cette duchesse, et une relation aussi de la mort de ce prince. *S. l. (Hollande),* 1690, pet. in-12, fig., mar. vert, fil., tr. dor. *(Derome.)*

<small>Exemplaire de Coulon.</small>

185. Le Taureau bannal de Paris. *Cologne, P. Marteau (Holl.),* 1692, pet. in-12, mar. r.,

encadrements à la Du Seuil, tr. dor. (*Thouvenin.*)

Le héros de ce petit roman satirique est le comte de Montrevel, un des courtisans de Philippe, duc d'Orléans, frère de Louis XIV. On y voit figurer aussi le chevalier de Lorraine, le principal favori du prince.

186. Contes et Nouvelles de Marguerite de Valois, reine de Navarre, mis en beau langage, accommodé au goût de ce temps. *Amsterdam, Georges Gallet,* 1698, 2 vol. pet. in-8, front. et fig., mar. rouge, fil., tr. dor. (*Derome.*)

Première édition, avec les figures attribuées à Romain de Hooge.

187. Les Serées de Guillaume Bouchet, divisées en trois livres. *Lyon, P. Rigaud,* 1618, 3 vol. in-8, dos ornés, mar. citr. écaillé, fil., tr. dor., réglé. (*Du Seuil.*)

Édition estimée et très-bel exemplaire. La reliure porte sur les plats et dans un petit écusson cette date : *Mars* 1696. Sur le titre, la signature de Le Riche.

Romans italiens, espagnols et anglais.

188. IL DECAMERONE DI M. Giovanni Boccacio, nuovamente corretto et con diligentia stampato. M.D.XXVII. (A la fin) *Impresso in Firenze per li heredi di Philippo Giunta, M.D.XXVII, a di xiiij del mese daprile.* In-4, mar. r., dos orné, compart., tr. dor. (*Du Seuil.*)

Très-bel exemplaire de cette édition estimée et de la plus grande rareté. Il en a été donné, sous la même date, à

Venise, en 1729, une contrefaçon que l'on prend souvent pour l'original. On a relié à la suite :

Le Ciento Novelle antike. Impresso in Bologna nelle case di Girolamo Benedetti, MDXXV.

C'est l'édition originale de ces Nouvelles. Elle est également très-rare.

189. La Dispute des desesperez, prise de l'italien. In-4, front. gr., mar. r., riches compart. à petits fers, tr. dor. (*Rel. ital.*)

Manuscrit de la seconde moitié du XVIIe siècle, d'une bonne écriture. En tête est une épître dédicatoire du traducteur à Mlle de *Hoppertin et Stharemberg*. L'épître était signée, mais le nom a été enlevé. Tout ce qu'on peut apprendre dans cette dédicace sur le traducteur, c'est qu'il était né près de Tripoli, en Afrique.

Une note écrite au crayon à la fin du volume indique que ce manuscrit a été acheté à la vente d'une personne de la maison de Staremberg, à Bruxelles.

C'est la traduction d'un roman italien de Marini (J. Ambr.) intitulé : *Le nuove gare de' disperati*, 1653. Il en existe une traduction par un nommé La Serre, imprimée à Paris en 1732 sous le titre : *Les Désespérés, histoire heroïque*, 2 vol.

190. Histoire du vaillant chevalier Tiran le Blanc, traduite (imitée) de l'espagnol par le comte de Caylus. *Londres (Paris)*, 1746, 2 vol. pet. in-8, mar. bl., fil., tr. dor.

Excellente reliure de PADELOUP. Exemplaire de J. J. DE BURE.

191. Histoire de l'admirable D. Quichotte de la Manche, traduite de l'espagnol de Michel de Cervantes (par Filleau de S. Martin). *Paris, Piget*, 1741, 6 vol. in-12, mar. rouge, fil., tr. dor. (*Padeloup.*)

Très-bel exemplaire de MM. de Selle (1761), de Mac-Carthy et de La Bédoyère (vente de 1837). On y a ajouté les figures de Folkema, premières épreuves, gravées pour l'édition espagnole de La Haye, 1744.

192. Histoire secrette de la reine Zarah, ou la duchesse de Marlborough démasquée, traduite de l'original anglois (du docteur Sacheverell, ministre anglican). *Oxford, Allexandre le vertueux,* 1713, pet. in-12, dos orné, mar. bl., larg. dent., tr. dor. (*Rel. anc.*)

Exemplaire de Coulon.

193. La Vie et les aventures surprenantes de Robinson Crusoë, traduites de l'anglois (de D. de Foë, par Themiseul de St. Hyacinthe et Van-Effen). *Leyde, E. Luzac,* 1754, 3 vol. in-12, fig., mar. vert, fil., tr. dor. (*Derome.*)

Très-joli exemplaire.

FACÉTIES

194. BALIVERNERIES, ou Contes nouveaux d'Eutrapel, autrement dit Léon Ladulfi (Noël du Fail). *Paris, imprimé pour Pierre Trepperel,* 1548, pet. in-16, 36 ff. caractères italiq., mar. orange, plats ornés, doublé de mar. bleu, dent. à petits fers, tr. dor. (*Trautz-Bauzonnet.*)

Édition fort rare, et que M. Brunet croit antérieure à celle de Nicolas Buffet, publiée la même année.

Exemplaire peut-être unique.

195. Les Bigarrures du seigneur des Accords
(Est. Tabourot), livre premier (et IVe livre).
Paris, J. Richer, 1586, 2 part. — Apophtegmes
du S. Gaulard, Pause seconde (commençant
à la page 119 du 4e livre des Bigarrures). —
Les Touches du seigneur des Accords (3 livres). *Paris, J. Richer,* 1586, in-12, mar. r.,
rel. janséniste, tr. dor. (*Bauzonnet-Trautz.*)

C'est ici une des premières éditions des *Bigarrures du seigneur des Accords*, livres I et IV (on sait qu'il n'existe pas de 2e ni de 3e livre).

Quant aux *Touches* (3 livres) qui y sont jointes, elles n'ont aucun rapport avec celles qui font partie des éditions complètes des *Bigarrures*. Sur ces trois livres des *Touches*, qui sont de la plus grande rareté, voir le *Man. du libr.*, V, col. 630.

Le volume contient en outre : *Douze Fables, de fleuves, fontaines*, par P. D. T. (Pontus de Thyard, publiées par E. Tabourot). *Paris, J. Richer,* 1586.

196. Le Moyen de parvenir (par Beroalde de
Verville, avec une dissertation par La Monnoye et des imitations en vers françois). *S. l.
(Paris, Grangé)*, 1757, 2 vol. pet. in-12,
fig., mar. rouge, dos ornés, fil., tr. dor. (*Bauzonnet.*)

Bel exemplaire en papier de Hollande. Rare sur ce papier.

197. Les Œuvres de Bruscambille, contenant
ses fantasies, imaginations et paradoxes, et
autres discours comique (*sic*), le tout nouvellement tiré de l'escarcelle de ses imaginations.
Rouen, J. Cailloué, 1624, pet. in-12, mar.
vert, fil., tr. dor. (*Derome.*)

Exemplaire de Coulon.

198. Recueil général des caquets de l'accouchée, ou Discours facétieux, où se voit les mœurs, actions et façons de faire des grands et petits de ce siècle, le tout discouru par dames, damoiselles, et autres, et mis par ordre en viij après-dinées... *Imprimé au temps de ne plus se fâcher*, 1625, pet. in-8, titre gravé, mar. rouge, fil., tr. dor. (*Bauzonnet-Trautz.*)

Joli exemplaire.

199. Le Facétieux Resveil matin des esprits mélancholiques, ou Remède préservatif contre les tristes. *Leyde, David Lopez de Haro*, 1643, pet. in-12, mar. rouge, front. gravé, tr. dor. (*Derome.*)

La plus jolie édition et la plus recherchée de ce livre. Exemplaire de Caillard et de Duriez.

200. Les Etrennes de la St. Jean, seconde édition, revue, corrigée et augmentée (par le comte de Caylus). *Troyes, veuve Oudot (Paris)*, 1742. — Les Ecosseuses, ou les Œufs de Pâques (par le même). *Troyes, Ve Oudot, (Paris)*, 1745, 2 tom. en 1 vol. in-12, mar. bl., fil., tr. dor. (*Padeloup.*)

Bel exemplaire en grand papier. De la bibliothèque de Renouard.

201. XXV. Paradoxes, ou Sentences débattues et élégamment déduites contre la commune opinion. Traicté non moins plein de doctrine que de récréation pour toutes gens. Plus est

adjousté de nouveau le paradoxe que le plaider est chose très-utile... *Paris, Estienne Groulleau*, 1561, in-16, mar. br., tr. dor. (*Rel. anglaise.*)

Imitation des *Paradossi* d'Ortensio Lando, par Ch. Estienne.

202. Les Arrêts d'Amour, avec l'Amant rendu cordelier à l'observance d'Amour, par Martial d'Auvergne, accompagnés du commentaire juridique et joyeux de Benoit de Court. Edition augmentée de notes et d'un glossaire (par Lenglet du Fresnoy). *Amsterdam et Paris, P. Gandouin*, 1731, 2 vol. in-12, mar. rouge, fil., tr. dor. (*Anguerrand.*)

Exemplaire de Coulon.

203. La Chasse aux filles, ou Jardin d'amour réformé, dans lequel est enseignée la manière de conserver et d'entretenir une maîtresse, par L. G., avocat. *Autun, P. Laimeré, s. d.* (vers 1690), pet. in-12, fig. sur bois sur le titre, mar. r., fil., dos orné, tr. dor. (*Duru.*)

Exemplaire de Ch. Nodier.

PHILOLOGIE. — EPISTOLAIRES. — POLYGRAPHES

204. Apologie pour Hérodote, ou Traité de la conformité des merveilles anciennes avec les modernes, par H. Estienne, édition augmentée

de remarques par Le Duchat. *La Haye, H. Scheurleer*, 1735, 3 vol. in-12, v. f., fil., tr. dor. (*Rel. anc.*)

205. Le Grand Dictionnaire des prétieuses, historique, poétique, géographique, cosmographique, cronologique et armoirique, par le S^r (Baudeau) de Somaize (avec la clef .) *Paris, J. Ribou*, 1661, 3 part. en 1 vol. pet. in-8, front. gravé, mar. vert, fil., tr. dor. (*Rel. de Smith.*)

206. Le Cochon mitré, Dialogue (attribué à Fr. de la Bretonnière). *Paris, chez le Cochon (Hollande, vers* 1689), pet in 8, fig., mar. vert, fil., tr. dor. (*Derome.*)

Exemplaire de Pixérécourt et, auparavant, de Ch. Nodier et de Méon.

Sous la forme d'un dialogue entre Scarron et Furetière, cette satire virulente est dirigée contre Mme de Maintenon, le cardinal d'Estrées, Le Tellier, archevêque de Reims, et contre le corps des évêques en général. C'est Le Tellier qui est désigné sous le nom de *cochon mitré.*

On prétend que l'auteur de ce libelle fut enlevé en Hollande, où il s'était réfugié, puis transporté au Mont-Saint-Michel, où il mourut après une longue captivité.

207. LES DIVERS ET MEMORABLES PROPOS des nobles et illustres hommes de la Chrestienté, par Gilles Corrozet. *Lyon, par Gabriel Cotier,* 1558, pet. in-16, mar. bl., riches compart., tr. dor.

Charmant exemplaire aux chiffres de LOUIS XIII et d'ANNE D'AUTRICHE.

Reliure de LE GASCON parfaitement conservée.

208. Le Théâtre des bons engins, auquel sont contenuz cent emblèmes moraux. Composé par Guillaume de la Perrière, Tolosain. (A la fin) *Imprimé à Paris par Denys Janot, demourant en la rue neufve nostre Dame, s. d.* (1539), in-8, 100 fig. sur bois, mar. r. sans dorure.

209. Des. Erasmi Roterod. Colloquia. *Lugd. Batavorum, ex officina Elzeviriana*, 1636, pet. in-12, mar. rouge, dos orné, fil., doublé de tabis, tr. dor. (*Derome.*)

Exemplaire de Coulon, grand de marges, avec témoins.
Haut. 129 millim.

210. C. Plinii Cæcilii Secundi Epistolarum libri X, Panegyricus. *Lugd. Batavorum, ex officina Elzeviriorum*, 1640, pet. in-12, réglé, mar. r., dos orné, riches compart., tr. dor.

Haut. 127 millim.
Charmante reliure de Le Gascon. Dorure en plein à petits fers et de la plus parfaite exécution.
Exemplaire de Renouard.

211. Plutarchi Chæronensis quæ extant omnia, cum latina interpretatione H. Cruserii, Gul. Xilandri et doctororum virorum notis. *Francofurti, apud And. Wecheli heredes*, 1599, 2 vol. in-fol., gr. pap., mar. r., tr. dor.

Aux armes de J. A. de Thou.

212. Les Œuvres diverses de M. de Cyrano Bergerac. *Paris, Ch. de Sercy*, 2 vol. in-12, port., mar. rouge, tr. dor.

Très-bel exemplaire de la comtesse de Verrue, aux

armes de sa famille paternelle, c'est-à-dire écartelées de Luynes et de Rohan (n° 194 de son catal.). La plupart de ses livres portent les mêmes armes accolées de celles de son mari, le comte de Verrue, qui sont d'argent à la croix de sable cantonnée de quatre lozanges de même.

212 *bis*. LES ŒUVRES DE M. SARASIN (publ. par Ménage). *Paris, Augustin Courbé,* 1656, in-4, portr. gravé par Nanteuil, mar. r., compart., tr. dor.

Première édition. Exemplaire de NICOLAS FOUQUET, avec ses chiffres et ses armes. Riche et belle reliure entièrement couverte de compartiments à petits fers, et qui peut être attribuée à Le Gascon.

Acquis à la vente DOUBLE.

HISTOIRE

HISTOIRE UNIVERSELLE

HISTOIRE ECCLÉSIASTIQUE

CHAINE HISTORIQUE, ou l'Histoire sacrée et prophane réduite en tables, dédiée à Monseigneur Colbert, par Ignace Poindreux. *Paris, P. Colin,* 1668, in-fol., fig., mar. r., tr. dor. *(Aux armes de Colbert.)*

Exemplaire de dédicace. Magnifique reliure, sur les plats et le dos de laquelle sont reproduits à l'infini et combinés avec les ornements, les armes, la couleuvre et les chiffres de Colbert. Sur la tranche sont peints les mêmes armes et chiffres.

214. OPUS AUREE et inexplicabilis bonitatis et continentie: Conformitatum scilicet vite Beati Francisci ad vitam domini nostri Jesu Christi (auctore Fr. Barth. de Albizzi). *Mediolani, in ædibus Zanoti Castilionei,* 1513, in-fol., ré-

glé, mar. citr., compart. de couleur, doublé de mar. r., dent. int., tr. dor.

Seconde édition du fameux livre des *Conformités* de S. François d'Assise avec Jésus-Christ, ouvrage duquel a été tiré l'*Alcoran des Cordeliers*, traduit du latin en français par Conrad Badius. *Amsterd.*, 1734, 2 vol. in-12.

Magnifique reliure à compartiments à mosaïque, avec riche dorure, véritable chef-d'œuvre de Derome et du doreur Monnier.

L'exemplaire a successivement appartenu à Gaignat, à La Vallière, à Lamy, etc. Acquis à la vente BRUNET.

On y a placé une belle épreuve du portrait de S. François, d'après M. de Vos, gravé par J. B. Vrints en 1584.

215. Les Jésuites de la maison professe de Paris en belle humeur. *Cologne, Pierre Marteau*, 1725, front. gr. — Les Moines en belle humeur. *Cologne; P. Marteau (Holl.)* 1725, 2 vol. pet. in-12, mar. rouge, fil., tr. dor. (*Derome.*)

216. Les Jésuites démasqués, ou Annales historiques de la société. *Cologne, aux dépens de la compagnie*, 1769, in-24, mar. rouge, fil., tr. dor. (*Rel. anc.*)

217. (HISTOIRE DE SAINTE KATHERINE.) Cy est lhistoire des espousailles de la tres noble et benoiste vierge madame Sainte Katherine, royne darmenie avecques Jhesuchrist nostre Seigneur et de son glorieux martyre au temps de lempereur Maxence ou par son illustre trepassement elle alla en la gloire esternelle rejoindre son divin espoux. (A la fin) *Cy fine listoire de Madame sainte Katherine*

vierge et glorieuse martyre, fille du roy Costus et de la royne Sabinelle, translatee de latin en françois par Jo. Melot, chanoine de leglise Saint Pierre a Lille en Flandre, lan de grace mil cccc lvij. In-fol., mar. brun, doublé de vélin blanc, fil., avec armoiries à l'extérieur et à l'intérieur, tr. dor. (*Trautz-Bauzonnet.*)

Superbe manuscrit du XVe siècle sur vélin, écrit en caractères gothiques à deux colonnes, contenant cinquante-quatre feuillets dont un blanc.

Il est orné d'un grand nombre de lettres en or et peintes, de riches bordures de fleurs, or et couleur, et de treize grandes et admirables miniatures ayant en largeur 100 à 120 millimètres sur 40 à 50 de hauteur. L'une d'elles a 160 millim. de largeur sur 140 de hauteur.

1. Mariage de sainte Catherine et de Jésus-Christ.
2. Sainte Catherine, à Alexandrie, prêche contre les idoles devant l'empereur Maxence.
3. Un ange apparaît à sainte Catherine.
4. L'empereur fait fustiger sainte Catherine en sa présence.
5. L'impératrice raconte un songe qu'elle a fait, où sainte Catherine lui est apparue.
6. L'empereur menace la sainte de la faire mourir.
7. Au moment où sainte Catherine va être attachée sur une machine composée de roues et de pointes aiguës, elle se met en prière, et les roues qui devaient mettre la machine en mouvement se brisent.
8. L'empereur est courroucé contre l'impératrice qui s'est faite chrétienne.
9. Il lui ordonne de sacrifier aux idoles.
10. L'impératrice est conduite à la mort.
11. L'empereur envoie de nouveau la sainte au supplice.
12. Sainte Catherine, avant de mourir, s'agenouille et fait sa prière.
13. Décollation de sainte Catherine.

La composition des sujets, l'agencement des personnages, l'expression des figures, font de charmants petits tableaux de toutes ces miniatures, où l'on remarque en outre une grande délicatesse dans l'exécution et un brillant coloris. Elles sont évidemment de la main d'un des plus éminents artistes attachés à la cour de Bourgogne. Les chiffres en or de Charles le Téméraire et de la duchesse Marguerite d'York, sa femme, avec leur devise : *Bien en adviendgne*, se font remarquer dans les riches bordures des pages.

Jean Melot ou Mielot, traducteur de cette vie de sainte Catherine, était un écrivain employé par le duc de Bourgogne Philippe le Bon. Il est le traducteur du *Miroir de l'humaine salvation*, fait par ordre de ce prince et dont le manuscrit original est conservé à la Bibliothèque royale de Bruxelles. On lui doit encore, parmi d'autres ouvrages, la traduction du *Livre des quatre dernières choses à venir*, dont un beau manuscrit provenant de Louis de Bruges, seigneur de La Gruthuyse, se conserve à notre Bibliothèque nationale.

Une curieuse notice sur J. Mielot, par M. de Reiffenberg, se trouve dans le *Bulletin du Bibliophile belge*, t. II, n° 5.

Les armoiries des ducs de Bourgogne sont placées à l'intérieur et à l'extérieur de la reliure. Celles apposées sur les plats extérieurs, comme celles du n° 36, ont été copiées sur le cachet de Charles le Téméraire pris par les Suisses à la bataille de Morat, et qui est conservé à Lucerne.

218. Theatrum crudelitatum Hæreticorum nostri temporis (auctore R. Verstegan). *Antuerpiæ, apud Adr. Huberti*, 1587, in-4, titre gravé et 30 planches, mar. rouge, fil., tr. dor. (*Derome.*)

Bel exemplaire de Coulon.
Le dernier supplice représenté est celui de Marie Stuart.

« Le personnage que l'on voit à la page 53, et désigné par la lettre A, est René de La Rouvraye, sieur de Brebant, qui fut décapité à Angers le 10 novembre 1592. » (*Note de M. Coulon.*)

Première édition.

219. Instruction à la France sur la vérité de

l'Histoire des Frères de la Roze-Croix, par G. Naudé, Parisien. *Paris, F. Julliot,* 1623, in-8, v. fauve. (*Aux armes du Comte d'Hoym.*)

Exemplaire de Du Fay et de Girardot de Préfond.

HISTOIRE ANCIENNE

220. HISTOIRE DES JUIFS écrite par Flavius Joseph sous le titre de Antiquitez judaïques, traduite du grec par Arnauld d'Andilly (avec l'Histoire de la guerre des Juifs contre les Romains, par le même). *Bruxelles, E. H. Fricx,* 1701-1703, 5 vol. in-8, fig., mar. r., tr. dor. (*Anguerrand.*)

Très-bel exemplaire en grand papier, provenant des ventes Crozat (1813), Châteaugiron, La Bédoyère (1re et 2e ventes) et Saint-Mauris (1849).

221. Dictys Cretensis de Bello Trojano et Dares Phrygius de exidio Troiæ. *Amstelodami, apud Joan. Janssonium,* 1631, in-24, mar. r., dos orné, compart., tr. dor. (*Le Gascon.*)

Joli exemplaire aux armes du cardinal de RICHELIEU.

222. Histoire universelle de Diodore de Sicile, traduite en françois par l'abbé Terrasson. *Paris,* 1758, 7 vol. in-12, mar. rouge, fil., tr. dor.

Aux armes de la comtesse d'Artois.

223. Titi Livii Historiarum quod extat, ex recensione J. F. Gronovii. *Amstelodami, apud D. Elzevirium*, 1678, in-12, front. gr., mar. rouge, dos orné, fil., tr. dor. (*Rel. ancienne.*)

Joli exemplaire. Hauteur 143 millim. 1/2.

224. Histoire des Révolutions arrivées dans le gouvernement de la République romaine, par l'abbé de Vertot. *Paris, Fr. Barrois*, 1719, 3 vol. in-12, v. m., fil., tr. dor.

Exemplaire de Longepierre, avec les insignes de la Toison d'or sur les dos et sur les plats.

225. C. Crispus Sallustius, ex museo Joh. Isaci Pontani. *Amstelodami, apud Joan. Janssonium*, 1627, in-24, réglé, tit. gravé, mar. r., compart. à petits fers, dos orné, tr. dor. (*Le Gascon.*)

Charmant exemplaire de Louis Habert de Montmort, un des premiers membres de l'Académie française, avec son chiffre au milieu des plats.

De la bibliothèque du marquis de Morante.

226. C. CORN. TACITUS, ex J. Lipsii editione cum notis et emendavit H. Grotii. *Lugduni Batavorum, ex officina Elzeviriana*, 1640, 2 vol. pet. in-12, mar. bl., dos ornés, fil., doublés de mar. rouge, riches compart. à petits fers, tr. dor. (*Du Seuil.*)

Très-bel exemplaire, provenant des ventes de Mel de S. Ceran et de F. Didot (1811).

Excellente et riche reliure. Hauteur 129 millim.

Sur le titre, cette mention manuscrite : *Ex bibliotheca fratrum Sammarthonorum.*

HISTOIRE DE FRANCE

227. Histoire de France avant Clovis, par le sieur de Mézeray. *Amsterdam, Abr. Wolfganck*, 1688, in-12. — Abregé chronologique de l'Histoire de France, par le même. *Amsterdam, Abr. Wolfganck*, 1673-74, 6 vol. in-12, portr. — Abregé chronologique de l'Histoire de France sous les règnes de Louis XIII et Louis XIV (par de Limiers). *Amsterdam, D. Mortier*, 1720, 2 vol. in-12, portr. ; en tout 9 vol. mar. rouge, dos ornés, dent., tr. dor. (*Simier.*)

Exemplaire de Coulon.

228. Histoire et Chronique de messire Jehan Froissart. Reveue et corrigée sur divers exemplaires par Denis Sauvage de Fontenailles en Brie. *Lyon, par Jehan de Tournes*, 1559-1561, 4 tom. en 1 un vol. in-fol., réglé, v. fauve, compart. noir et or, tr. dor. (*Rel. du XVIe siècle.*)

229. Notes et documents relatifs à Jean, roi de France, et à sa captivité en Angleterre (extr. des archives de la maison de Condé, avec une introduction par Mgr. le duc d'Aumale). S. l. n. d. In-8, pap. de Holl., mar. bleu, dos et plats fleurdelisés, compart., doublé de

mar. rouge, riche dent., tr. dor. (*Aux armes de Mgr. le duc d'Aumale.*)

<small>Tiré à part du tome II des Mélanges de la Société des Philobiblon de Londres.</small>

230. Les Mémoires de Messire Philippe de Commines, sieur d'Argenton. *Leide, chez les Elseviers*, 1648, pet. in-12, vélin.

<small>Aux armes de Jérôme Bignon, avocat général au Parlement de Paris et grand maître de la bibliothèque du Roi.
Exemplaire grand de marges. Haut. 133 millim. Acquis à la vente Yemeniz.</small>

231. Les Mémoires de messire Olivier de la Marche, 3e édition, reveue et augmentée d'un estat particulier de la maison du duc Charles le Hardy, composé du même auteur. *Bruxelles, Hubert Antoine*, 1616, in-4, v. fauve. (*Aux armes du Comte d'Hoym.*)

<small>Exemplaire de Du Fay et de F. Didot (cat. de 1808).</small>

232. Histoire des guerres et choses advenues en la chrestienté sous Charles VIII... prise et tirée des grandes histoires de Fr. Guichardin. *Paris, par Bernard Turrisan, à la Boutique d'Alde*, 1568, in-8, mar. r., tr. dor. (*Duru.*)

233. Descriptio apparatus bellici regis Francie Karoli intratis Italie civitates Florentiam ac deinde Romam dū exercitū duceret cōtra regem neapotitanū pro recupãdo regno Sicilie, et contra Thurcos infestissimos christianitatis inimicos. (*Absque nota*). In-4, goth., 12 ff.,

mar. vert foncé, plats parsemés à l'infini de chiffres et d'aigles, doublé de vélin blanc, fil., tr. dor. (*Trautz-Bauzonnet.*)

« Ouvrage aussi curieux que rare. Les bénédictins Martène et Durand ont cru ce traité inédit et l'ont publié (d'après un manuscrit) à la suite de leur *Voyage littéraire*. Lelong et ses continuateurs l'indiquent seulement comme manuscrit. » (*Extrait d'une note jointe au volume.*)

Le livre ne porte pas de date ; mais il a dû être imprimé vers 1495. C'est d'après cet exemplaire, le seul connu jusqu'à présent, et qui a figuré aux ventes Coste et Salmon, que M. Brunet en a parlé dans sa dernière édition du *Manuel du libraire*.

234. JOURNAL DE HENRI III, par P. de L'Estoile. Nouvelle édition accompagnée de remarques historiques et des pièces les plus curieuses de ce règne (par Lenglet du Fresnoy). *A La Haye et à Paris, chez la veuve P. Gandouin*, 1744, 5 vol. pet. in-8, fig. — Journal du règne de Henri IV (par le même), avec des remarques historiques et politiques du chevalier C. B. A. (Lenglet du Fresnoy). *La Haye (Paris)*, 1741, 4 vol. pet. in-8, fig. — Ensemble 9 vol. mar. rouge, dos ornés à nerfs, fil., tr. dor. (*Derome père.*)

Magnifique exemplaire de BONNEMET, de LA VALLIÈRE et de PIXÉRÉCOURT.

Les cartons qui existent pour le *Journal de Henri III* sont réunis à part en un volume in-8, relié en veau fauve. Ce volume, qui n'est pas indiqué dans les catalogues de Bonnemet et de La Vallière, a été ajouté par Pixérécourt, qui acheta les neuf volumes dans une vente faite à Paris en 1816.

235. LE MARTYRE DE FRERE JACQUES CLÉMENT, de l'ordre S. Dominicque, contenant au vray toutes les particularitez plus remarquables de sa saincte résolution et très heureuse entreprise à l'encontre de Henry de Valois (par Ch. Pinselet, chefcier de Saint-Germain l'auxerrois). *Paris, chez Robert le Fizelier*, 1589, pet. in-8, fig. sur bois, mar. r., fil., tr. dor.

Pièce rare, avec le feuillet contenant le passage relatif aux Religieux de Saint-Germain des Prés, supprimé par arrêt du parlement de Paris

Très-joli exemplaire aux armes de Mme de POMPADOUR, et ayant fait partie des cabinets de Le Tellier de Courtanvaux, Bourdillon, Montesson et Double.

236. Histoire du Roy Henry le Grand, composée par Hardouin de Péréfixe. *Amsterdam, Louys et Daniel Elzevier*, 1661, pet. in-12, front. gr., mar. vert, fil., tr. dor. (*Derome.*)

Haut. 132 millim.

237. Mémoires de la Reine Marguerite. Nouvelle édition plus correcte. *Bruxelles, F. Foppens*, 1658, pet. in-12, 197 pages, mar. rouge, compart. de fil. (*Thouvenin.*)

Exemplaire non rogné.

238. Lettre de Jacques Bonhomme, paysan de Beauvoisis. *Jouxte la copie imprimée à Paris*, 1614. — Response du crocheteur de la Samaritaine à Jacques Bonhomme. *S. l.*, 1614. — Réplique de J. Bonhomme à son compère le le crocheteur. *Paris*, 1614. — Conjouissance de

J. Bonhomme avec Messeigneurs les Princes réconciliés. *Paris*, 1614, in-8, mar. vert, fil., tr. dor. (*Derome.*)

<small>Ces pièces sont relatives à la rébellion du prince de Condé, sous la régence de Marie de Médicis, en 1614.</small>

239. Mémoires d'un favory de S. A. R. Monsieur le duc d'Orléans (par De Bois d'Annemets). *Leyde, J. Sambix* (*Bruxelles, Foppens*), 1668, pet. in-12, portrait de Gaston ajouté, mar. rouge, fil., tr. dor. (*Derome.*)

<small>Édition que l'on joint à la collection des Elzevier. Exemplaire de Dariez de Lille.</small>

240. Mémoires de M. le duc de La Rochefoucault (*sic*) et de M. de La Chastre, contenant l'histoire de la minorité de Louis XIV, corrigez sur trois copies différentes et augmentez de plusieurs choses fort considérables, avec une préface nouvelle (par Amelot de la Houssaye). *Villefranche, Jean de Paul* (*Amsterdam*), 1700, pet. in-8, mar. rouge, fil., tr. dor. (*Padeloup.*)

<small>Exemplaire aux armes du comte d'Hoym. Renouard, à qui il a appartenu, y a ajouté plusieurs portraits gravés par Saint-Aubin. Acquis à la vente du marquis de Bruyères-Chalabre (1833).</small>

241. Le Testament du défunct cardinal Jul. Mazarini... premier ministre du Roy de France. *Cologne, imprimé jouxte la copie* (*Bruxelles, Fr. Foppens*), 1663, pet. in-12, réglé, mar. rouge, fil., tr. dor. (*Trautz-Bauzonnet.*)

Ce testament est curieux en ce qu'il donne l'état de l'énorme fortune du cardinal.
H. 138 millim.

242. Inventaire de tous les meubles du cardinal Mazarin. Dressé en 1653, et publié d'après l'original conservé dans les archives de Condé (avec une introduction par Mgr le duc d'Aumale). *Londres, imprimerie de Whittingham et Wilkins*, 1861, in-8, mar. bl., tr. dor. (*Trautz-Bauzonnet.*)

Publication de la Société des Philobiblon.

243. Vues, marches, et autres sujets servant à l'histoire de Louis XIV, 30 pièces gravées d'après Van der Meulen, par divers graveurs. 1 vol. gr. in-fol., mar. rouge, compart., aux chiffres et armes de Louis XIV.

Épreuves de premier tirage. Ce volume fait partie de la collection connue sous le nom de *Cabinet du Roy*.

244. Relation de tout ce qui se passa entre le Pape Alexandre VII et le roy de France, au sujet de l'insulte que les Papalins firent au duc de Créquy le 20 aout 1662. Traduit de l'italien. *Cologne, Pierre Le Pain (Hollande, Elzev.)*, 1670, pet. in-12, mar. vert, fil., tr. dor. (*Niedrée.*)

Exemplaire relié sur brochure et avec témoins. Hauteur 129 mill.

245. Pasquini et Marphorii curiosæ interlocutiones, super præsentem orbis christiani

statum, publicatæ in Romano Capitolio, anno 1683, et latine ac gallice editæ. *Sans lieu (Hollande)*, 1683, pet. in-12, mar. rouge, dent., tr. dor. (*Derome.*)

Exemplaire de Charles Nodier (vente de 1830).

246. Le Vrai Intérêt des Princes chrétiens opposé aux faux intérêts qui ont été depuis peu mis en lumière. *Imprimé à Strasbourg, par J. Marlorat*, 1686, pet. in-12, mar. rouge, fil., tr. dor. (*Rel. anc.*)

247. La Cour de France turbanisée et la trahison démasquée, par M. L. B. D. E. D. E. *Cologne, P. Marteau (Hollande)*, 1687, pet. in-12, mar. rouge, fil., tr. dor. (*Derome.*)

Exemplaire de Ch. Nodier (vente 1830).

248. L'Oracle consulté par les puissances de la terre sur leur destinée, où l'on voit ce qui se passe aujourd'hui dans la politique d'une manière divertissante, traduit de l'italien. *Stampato in Roma (Holl.)*, 1688, pet. in-12, portraits ajoutés, mar. rouge, fil., tr. dor. (*Rel. anc.*)

Exemplaire de Renouard, qui y a ajouté quatre portraits gravés par Saint-Aubin.

249. Nouvelles Prédictions sur la destinée des états et des empires du monde, les desseins du Roi d'Angleterre, les intrigues de la cour de France, la naissance et l'éducation du Prince de Galles (par le duc de Schomberg).

Londres (Hollande), 1688, pet. in-12, mar. rouge, fil., tr. dor. (*Derome*.)

250. La France toujours ambitieuse et toujours perfide. *Ratisbonne* (Holl.), 1689, pet. in-12, portr. ajouté, mar. citr., fil., tr. dor. (*Reliure ancienne*.)

251. La France calomniatrice, ou Réponse au mémoire des raisons qui ont porté le Roi de France à reprendre les armes. *Cologne, P. Marteau* (Hollande), 1690, pet. in-12, portr. ajouté, mar. citr., fil., tr. dor. (*Derome*.)

252. Remarques curieuses sur plusieurs songes de quelques personnes de qualité, et spécialement de Louis XIV, de la Reine d'Angleterre, et de Mme de La Vallière. *Amsterdam, Jacques Le Jeune*, 1690. — Brièves remarques sur le songe de la reine réfugiée d'Angleterre et sur celui de Mme la Duchesse de La Vallière, nommée à présent la mère Louise de la Miséricorde. *Amsterd., J. Le Jeune*, 1690. 2 part. en 1 vol. in-12, mar. vert., fil., tr. dor. (*Derome*.)

Exemplaire de CH. NODIER (vente de 1830), de BRUYÈRES-CHALABRE, et ensuite de PIXÉRÉCOURT.

253. Les Soupirs de la France esclave qui aspire après sa liberté (divisé en quinze mémoires). *Amsterdam*, 1690, in-4, mar. rouge, fil., tr. dor. (*Derome*.)

Cet ouvrage est attribué au célèbre théologien protestant Jurieu. Outre une critique très-vive du gouvernement absolu de Louis XIV, on y trouve nettement établis les principes de la souveraineté du peuple. Devenu rare, ce livre fut réimprimé en 1788, sous le titre : *Vœux d'un patriote* (Mémoires I à XII). Ch. Nodier, qui en a fait l'objet d'un des articles de ses *Mélanges tirés d'une petite bibliothèque*, fait cette remarque singulière (page 360) : « C'est en 1689 que parut cet ouvrage, où reposait le germe d'une révolution qui devait éclore dans un siècle, et le premier des quinze mémoires est daté du 10 août »

Exemplaire de DURIEZ de Lille.

254. Nouveaux Caractères de la famille royale, des ministres d'Etat et des principales personnes de la cour de France, avec une supputation exacte des revenus de cette couronne. *Villefranche, P. Pinceau (Hollande)*, 1703, in-12, mar. rouge, fil., tr. dor. (*Derome.*)

Exemplaire de Coulon.

255. Les Zouaves et les Chasseurs à pied. Esquisses historiques (par Mgr le duc d'Aumale). *Paris, Michel Lévy*, 1855, pet. in-8, pap. de Hollande, mar. r. dos fleurdelisé, dent., tr. dor., doublé de mar. bleu, dent., rel. de Duru. (*Aux armes de Mgr le duc d'Aumale.*)

256. ANNALES DE BOURGONGNE par Guillaume Paradin de Cuyseaux. *A Lyon, par Antoine Gryphius*, 1566, in-fol., titre gravé sur bois, vélin, fil., tr. dor.

Exemplaire aux premières armes de J. A. DE THOU.

257. Les grandes et admirables merveilles jadis descouvertes au duché de Bourgongne,

près la ville d'Authun, par le seigneur Dom Nicole de Gaulthieres, gentilhomme espagnol, traduit d'espagnol en françois par le seigneur de Ravières angoumois. *Rouen, Richard L'Allemand*, 1626, pet. in-8, mar. bl., dos orné, fil., tr. dor. (*Chambolle-Duru*.)

Pièce rare et curieuse. La date a été surchargée à la main. Il y avait peut-être 1582. M. Brunet n'indique qu'une édition de cette pièce. Elle porte : *Suivant la copie imprimée à Rouen,* 1582.

Si cet ouvrage a été composé en espagnol, comme le dit le titre, il a pu donner à Cervantes l'idée de la caverne de Montésinos.

258. LES GRANS CRONIQUES des gestes et vertueux faictz des... DUCZ ET PRINCES DE SAVOYE et Piemont, Estant en la saincte terre de Jerusalem, comme es lieux de Sirie, Turquie, Egypte, Cypre, Italie, Suisse, Dauphine. (A la fin) *Cy finissent les Croniques de Savoye lesquelles ont ete achevees lan mil cinq cens et quinze par Symphorien Champier... et imprimees a Paris lan mil cinq cens et seize le xxvij jour de Mars par Jehan de la Garde libraire demourant sur le pont Notre-Dame a lenseigne Sainct Jehan levangeliste.* In-fol. goth. à 2 col., fig. sur bois, réglé, relié en velours r. doublé de velours, tr. dor., fermoir en argent aux armes de Savoie.

Magnifique et précieux exemplaire imprimé sur VÉLIN, avec les figures enluminées avec soin.

Sur un feuillet avant le titre se trouvent peintes les armes de la maison d'Amboise (*palé d'or et de gueules de six pièces*).

Le principal membre de cette illustre maison existant alors était Georges d'Amboise, sire de Chaumont, fils du maréchal de ce nom et petit-neveu du célèbre cardinal Georges d'Amboise. Il mourut à la bataille de Pavie, âgé de vingt-deux ans.

Van Praet, dans ses catalogues de livres imprimés sur vélin, n'indique pas d'exemplaire de ce livre sur vélin; mais M. Brunet dit qu'on en conserve un à la Bibliothèque nationale qui fut présenté à Louise de Savoie, mère de François 1er.

Il ajoute que dans cet exemplaire quelques mots de la fin du titre ont été grattés et que le feuillet de la fin, contenant la souscription et la marque de Jean de La Garde a été supprimé. Notre exemplaire est parfaitement intact; seulement on a peint sur le dernier feuillet que nous avons, à la place de la marque de l'imprimeur, les armoiries des d'Amboise. Nous avons remarqué en outre que le *privilège du Roy*, imprimé au verso du titre dans les exemplaires sur papier, n'avait point été tiré dans celui ci qui est sur vélin.

HISTOIRE D'ITALIE, DES PAYS-BAS, D'ANGLETERRE ET D'ALLEMAGNE

259. **Commentarii di M. Galeazzo Capella delle cose fatte per la restitutione di Francesco Sforza, secondo duca di Milano. Tradotte di latino in lingua toscana per M. Francesco Philipopoli fiorentino :** *Venetiis, apud Joannem Giolitum de Ferrariis, M. D. XXXIX.* In-4, réglé, mar. r. à compart. tr. dor. ornée.

Belle reliure italienne du XVIe siècle, à riches et élégants compartiments, noir et or, dans le style des Maioli. Sur les plats, un écusson aux armes accolées des Orsini et des Médicis, avec cette légende : *Paul. Jordan. Ors. D. Aragon.*

De la bibliothèque de M. DOUBLE. Il est dit dans son catalogue (n° 357) que ces armes sont celles de la duchesse de Bracciano, Isabelle de Médicis, femme de Jordano Orsini, qui fut étranglée par son mari à Cerreto, en 1576.

260. SPECTACULORUM IN SUSCEPTIONE PHILIPPI Hisp. Princ. Divi Caroli V. Cæs. F. an. M. D. XLIX, Antuerpiæ æditorum, mirificus apparatus, per Corn. Scrib. Grapheum, ejus urbis secretarium, et vere ad vivum accurate descriptus etc. *Excus. Antuerpiæ, pro P. Alosten., impressore jurato, typis Ægidii Disthemii, Anno M. D. L, mense Jun.* In-fol., fig. n., fil. compart., tr. dor.

Superbe exemplaire de GROLIER, AVEC TITRE, NOM ET DEVISE.

Les plats sont ornés d'élégants et riches compartiments noir et or. On remarque entre ces ornements les trois croissants de Diane de Poitiers répétés quatre fois au recto et au verso. Le titre porte la signature de Ballesdens.

Ce livre a été acquis à la vente de la bibliothèque de M. Coste, de Lyon, en 1854.

261. Th. Smithi de Republica Anglorum libri III. *Lugduni Batavorum, ex officina Elzeviriana,* 1641, in-24, titre gravé, mar. citr. dor. en plein, tr. dor. (*Rel. du temps.*)

Riche et fine dorure couvrant entièrement le dos et les plats du volume, et représentant un épais feuillage au milieu duquel on voit une multitude de petits oiseaux.

262. La Vie du général Monck, Duc d'Albemarle, traduit de l'anglois de Th. Gumble

(par G. Miége) *Londres, Rob. Scott (Hollande)*, 1672, pet. in-12, portr. ajouté, mar. rouge, fil., tr. dor.

Aux armes de la comtesse de Verrue.

263. Etat de l'empire d'Allemagne. 1778, in-4, titre gravé, mar. r., dos orné, fil., tr. dor.

Ms. sur papier, 491 pages. Aux armes du comte de Vergennes.

HISTOIRE HÉRALDIQUE.
BIOGRAPHIE.

264. LE BLASON DES ARMOIRIES, auquel est monstrée la manière de laquelle les anciens et modernes ont usé en icelles ... Reveu, corrigé, amplifié par l'auteur (Hierôme de Bara). *S. l. (Lyon) Pour Barthélémy Vincent*, 1581, in-fol., réglé, blasons, mar. r., fil., tr. dor.

Exemplaire de J A. DE THOU, à ses secondes armes.
Superbe exemplaire. dont les nombreux blasons, qui se trouvent à peu près à toutes les pages, ont été peints avec soin en or, argent et couleur.

265. LE LIVRE DE JEAN BOCASSE de la louenge et vertu des nobles et cleres dames. Translaté et imprimé nouvellement a Paris. (A la fin) *Cy finist Bocäce des nobles et cleres femmes,*

imprime à Paris ce XXVIII jour davril mil quatre cens quatre vingtz et treze par Anthoine Verard, libraire demourant sur le pont nostre dame (marque de Vérard). Pet. in-fol., goth. à longues lignes, fig. sur bois, mar. r., dos orné, tr. dor. (*Du Seuil.*)

Très-bel exemplaire. La reliure porte dans un écusson au milieu des plats cette date : *Juillet 1696*.

266. Œuvres du seigneur de Brantôme, édition augmentée de remarques historiques et critiques (par Le Duchat). *La Haye* 1740, 15 vol. pet. in-12, mar. vert, dent., tr. dor. (*Rel. anc.*)

267. Histoire de Louis Mandrin, depuis sa naissance jusqu'à sa mort, avec un détail de ses cruautez, de ses brigandages et de son supplice (par Terrier de Cleron). *A Chambéry, chez Gorrin et à Paris, chez Delormel*, 1755, in-12, portrait en pied, mar. bleu, fil., tr. dor. (*Bisiaux.*)

On a relié à la suite : *Dialogue entre Cartouche et Mandrin (aux enfers), où l'on voit Proserpine se promener en cabriolet dans les enfers. A la Barre, chez La Roue*, 1755. — *Testament politique de Louis Mandrin, écrit par lui-même dans sa prison* (par Gondar), *septième édition. Genève*, 1756. — *Oraison funèbre de Messire Louis Mandrin, colonel général des faussonniers et contrebandiers de France. S. l. ni d.*

Exemplaire de Renouard et de Yémeniz.

267 *bis*. Fables choisies, mises en vers par J. de La Fontaine, nouvelle édition, gravée en taille-douce, les figures (d'après Loutherbourg, Monnet et autres) par Fessard, le texte par Montulay. *Paris*, 1765, 6 vol. in-8, v. éc., fil., tr. dor.

Exemplaire aux armes du duc d'Orléans.

A PARIS

DES PRESSES DE D. JOUAUST
Imprimeur breveté
RUE SAINT-HONORÉ, 338

www.ingramcontent.com/pod-product-compliance
Lightning Source LLC
Chambersburg PA
CBHW070525100426
42743CB00010B/1949